무정한 글쓰기

무정한 글쓰기

다정하지 않지만 끝까지 파고드는 말들

신나리 지음

'쓰고 싶다'에서 '쏜다'로 —
끝까지 밀고 나가는,
글쓰기 실기 수업

느린 서재

책을 위한 가이드

매번 책을 엮으면서 이번이 마지막이라 여겼지만, 언제나 쓰고 있었다. 이 책엔 글을 쓰지 않겠다고 결심하면서도, 계속 쓰게 되는 이유를 담았다.

무정한 글쓰기. 무정은 언뜻 감정 없고 냉혹해 보이지만, 그것과는 다르다. 빠른 공감을 원하기보다, 현실을 직시하려는 태도다. 타인이 아니라, 바로 나 자신을 향한 무정함이다. 3년 전 어느 책을 읽자마자*, 챕터 제목 하나를 마음속에 정했다. '다정함을 원하는 세상에서 무정한 글을 써도 될까.' 내가 써온 글을 향한 변호이자, 앞으로도 쓰고 싶은 글이었다. 공감보다 납득을 위하고, 타인을 모른다고 전제하며, 위로와 낭만을 싹 걷어내고, 끝까지 파고드는 글. '난 대체 무엇을 하고 있나'를 문장 안에서 바라보는 데서 글은 시작한다.

---

* 이 책에서 사용하는 '무정(heartless)' 개념은 데보라 넬슨의 《터프 이너프》(글항아리, 2019)에 실린, 한나 아렌트의 글쓰기 분석에서 처음 착안했다.

저자가 글을 직접 설명하는 일은 낯간지럽지만, 글쓰기 책인 만큼, '내가 누구인가'보다 '어떻게 썼는가'를 말하고 싶다.

'나만의 삶'을 드러내려 하기보다, 여느 삶과 다르지 않다고 썼다. 그럴 때만 글이 개인의 좁은 삶을 벗어나 타인과 연결된다고 믿었다. 글 안에서 내 경험은 언제나 데이터였다.

그동안 출간한 책에서 내 문장을 많이 가져왔다. 다른 글쓰기 책을 읽을 때, 대가들의 예문보다 저자가 직접 자신의 시행착오를 말해줄 때 공감이 되었기에, 내가 쓴 문장을 인용했다.

문헌을 인용할 땐, 가능한 일상어로 풀어서 쓰고, 경험과 사례와 엮어 새로운 맥락을 만들었다. 무심한 에피소드로 시작해, 어휘와 단락을 쌓아 주제에 접근하고, 압력을 높이는 방식을 취했다. 글마다 열기를 견디며 썼다. 한 번에 읽기 부담스럽다면, 목차를 훑어보고 끌리는 소챕터부터 펼쳐도 된다.

1부는 문장에서 출발하는 '실기'다. '쓰기'를 시작하는 몸을 말한다. 시간을 모으고, 질문을 찾고, 경험과 거리를 두고, 나와 주변을 관찰하고, 수없이 고친다. 2부는 나의 위치에서 말하는 '태도'다. 행복, 연대, 여자 되기, 엄마, 자식, 결혼에 관해 쓸 때, 그 조건에 쌓인 나를 한 꺼풀씩 벗겨내는 과정을 담았다. '글쓰기 기술'이 아니라 무엇을, 어떻게, 어떤 태도로 쓸 것인지 끝까지 밀어붙인 기록이다. 1일 1글자씩 나아지는, 속터지는 기쁨으로.

왜 쓰느냐고 묻는다면, 문제로부터 자유로워지기 때문이라 답하고 싶다. 사는 모습에 핑계 대지 않게 된다. 그동안 쓴 책 세 권이 남긴 건 이거 하나다. 내 발목에 기꺼이 묶었던 끈을, 스스로 잘라내는 과정. 그걸 어떻게 썼느냐. 궁금하다면 다음 페이지로 가자. 읽고 나서 무엇이 보였는지보다, 무엇을 더는 못 보게 되었는지 생각하면 좋겠다.

그러나 너무 정색하지 마시길. 무표정한 얼굴로 건네는 농담처럼 가끔은 문장 옆구리를 슬쩍 쳤다. 너무 진지해서, 웃어도 될지 망설여진다면 웃어도 된다.

마지막으로 이 책은 글을 '쓰고 싶은' 사람에겐 친절하지 않다. 일기나 짧은 글을 넘어서 경험을 글로 옮겨본 사람, 글이 자꾸 진부해져서 쓰다가 멈추는 사람, 나만의 주제를 찾기 어려워 파편적인 글만 남기는 사람. 무엇보다 '쓰는 사람'이라는 정체성보다 '쓰고 있다'는 상태로 살아가는 이들에게 이 글이 도달하길 바란다. 나 역시, 그 상태로 살고 있으니까.

2025년 여름, 신나리

CONTENTS

005　　　책을 위한 가이드

1부 지금 이 문장에서

014　**01 '쓰고 싶다'에서 '쓴다'로**
015　　　쓰겠다는 기분에서 빠져나오려면
020　　　결핍과 허기를 극대화한다
025　　　조각내고, 다시 모은다
030　　　방해와 긴장에서 쓰는 글

034　**02 글감의 발견, '왜'라고 묻는다**
035　　　나를 알기 위해서 쓴다
040　　　'왜'라고 묻는다
045　　　질문을 던지는 책 읽기

052　**03 자전적 글쓰기**
053　　　책쓰기와 형식 실험
056　　　이야기를 전달하는 방식
060　　　엄마에게 요구되는 도덕성
064　　　나 대신 나를 써줄 서술자

072　**04 쓰기 위해 읽는다**
073　　　읽었다는 착각
077　　　책에서 정답을 찾는 사람들
082　　　모르는 문장으로부터
088　　　다른 세계로 침투당하는 독서

094	05	생생한 글엔 이유가 있다
095		자료조사는 감각을 깨운다
102		나는 아무개로소이다
108		하소연과 낭만 없이 작별하는 법
113	06	서사 아닌 에피소드로 보여주기
114		내 열정엔 계기가 없어
117		말하지 않고 보여주기
121		거미줄 같은 이야기
125	07	나는 너를 모른다
126		공감이 아닌, 모름으로
131		너를 이해한다는 말
135		타인을 통해서만 나를 말한다
139		가까운 이들에 대해 쓸 때
144		나에 대한 이해부터
150	08	장인처럼 쓰기
151		디자인처럼 글쓰기
154		생각과 손이 동시에 움직일 때
158		쓰기에서 만들기로
162		손끝에서 시작된 질문
168		쓰는 사람이란 정체성 말고, 그냥 쓰기

2부 지금 이 자리에서

- 176　09 행복이란 말 대신
- 177　　삶의 평가 기준, 행복
- 181　　행복에 이르는 삼단마법
- 184　　행복한 가정주부라는 특권
- 190　　불행할 자유

- 196　10 연대보다 고독을
- 197　　피드백이 고픈 밤
- 201　　공감이라는 마취제
- 205　　인정을 기다리는 마음
- 209　　고독의 글쓰기

- 213　11 엉망에는 엉망으로
- 214　　페미니즘도 말하지 못한 것
- 218　　이 세상 어디에도 없는 여자
- 223　　내 속내를 알아가는 일
- 226　　내 어둠은 나의 것

- 230　12 수치의 재발명
- 231　　나를 구성하는 것들
- 234　　중심을 버리기
- 238　　여자 되기에 실패한 여자
- 246　　주변에서 시작하기

252	**13 엄마를 쓰며 나를 쓰다**
253	피하고도 쓰게 되는 이야기
256	어머니라는 가련한 존재
262	연민 없는 모녀 서사
270	화해도 이해도 아닌
273	**14 엄마 되기의 찢어짐**
274	'좋은 엄마'들의 목소리
278	양가감정의 인정
284	내 아이는 괴물일까
289	엄마라는 권력
295	**15 결혼, 행복도 포기도 아닌 곳에서**
296	결혼, 왜 하는가
300	비어 있는 제도, 채워진 환상
305	공모와 기만 사이
313	중간지대에서 쓰기
320	에필로그
321	참고 도서 리스트

1부

지금 이 문장에서

01

'쓰고 싶다'에서 '쓴다'로

쓰겠다는 기분에서 빠져나오려면

　경기불황이라고 하지만, 글쓰기 수업은 금액이 40만 원을 훌쩍 넘어가도 쉽게 마감된다. '글쓰기 열풍'이다. 글을 쓰려는 열망이 어디에서 왔고, 글 쓰는 행위가 왜 필요한가를 묻고 싶진 않다. 이 글을 읽고 있다면, 왜 써야 하는가라고 묻기 전에 이미 쓰고 있거나, 쓰려고 시동을 걸고 있거나, 모든 걸 떠나 글쓰기의 당위를 묻지 않아도 될 만큼 납득은 된 상태일 거다. 여기서 문제 삼는 건, 쓰고 싶다고 말하면서도 쓰지 않거나, 쓰다 그만두는 경우다.

　쓰겠다고 하면서, 글쓰기는 왜 어렵기만 할까. 쓰고 싶다고 마음만 먹는 일은 그만두고, 당장 쓰기 위해선 무엇을 해야 할까.

 글을 쓰고 싶은 기분에 젖는 것과 글을 쓰는 행위는 다르다.* 경험해 본 이들은 알겠지만, 글을 쓰고 싶어지면 감정이 고양된다. 책을 쓰고 싶고, 작가가 되고 싶고, 소설을 쓰고 싶다는 바람에 기분이 몽롱해지며, 몸이 붕 떠오른다. 막상 마감이 코앞까지 닥쳐왔는데도, 글감이 떠오르지 않고, 한 단어, 한 줄씩 쥐어 짜낼 때면, 풍선처럼 부풀었던 기분은 순식간에 쪼그라든다.

 기분을 느끼거나 감상에 젖는 행위와는 다르다. 일기가 아니라 불특정 다수를 염두에 둔 완결된 글을 써야 한다면 더욱. 첫 문장을 쓰자마자, 아니, 써야 한다는 압박을 실감하자마자 몸이 긴장한다. 소화도 되지 않는다. 뭉글뭉글 피어나 절로 흘러나올 것 같던 문장은, 지면에 옮기려는 순간부터 사라진다. 사면이 조여오는 큐브에 갇힌 듯, 온몸의 근육이 긴장하고 미간은 잔뜩 찌뿌려진다. 단어와 문장과의 밀고 당기기를 시작한다.

 '글을 쓰고 싶다'와 '글을 쓴다'는 착수하기 전까진 분간하

---

* 은유, 《글쓰기의 최전선》, 메멘토, 2022, 55-56쪽 - "글을 쓰고 싶은 것과 글을 쓰는 것은 쥐며느리와 며느리의 차이다. 완전히 다른 차원의 세계다. 하나는 기분이 삼심해지는 일이고 하나는 몸이 축나는 일이다."

기 어렵다. 우리는 '싶다'와 '한다'를 같은 행위로 쉽게 착각한다. 하지 않으면서도, 하고 싶다는 기분에 휩싸이는 글. 스스로를 속이는 건, 무척이나 쉽다.

에세이 문장마다 난무하는 술어인 '싶다'나 '바란다'를 보자. 어떤 에세이를 읽고 다른 사람들의 생각이 궁금해 후기를 찾아보면 흥미로운 점이 발견되곤 했다. 저자가 '무엇을 하고 있는가'를 쓴 문장에서 부러움이나 압박감을 느끼는 경우가 많았다. '이 사람은 이걸 하는데 나는?' 그러나 저자가 하고 싶거나 원하는 바를 적으면 안심한다. 그런 문장은 발췌감이다. '싶다'는 아직 오지 않은 미래이고 가능성이다. '싶다'를 읽거나 쓰다 보면, 무엇이든 가능해 보이는 기분 좋은 상태로 들어간다. 부담은 없다. '글 쓰고 싶다'는 말이 넘쳐나는 건 이런 이유 때문일 것이다. 하지만 '싶다'는 '한다'가 아니고, '하고 있다'와도 구분된다.

배고픈 사람은 밥 먹고 '싶다'고 말하지 않는다. 눈에 보이는 음식을 허겁지겁 먹고야 만다. 글쓰기도 비슷하다. 글쓰기에 허기를 느끼면 뭐라도 쓰지 않고는 못 배긴다. 몇 줄이라도 토해내지 않으면 체한 듯 속이 막히니 쓸 수밖에 없다. 가능성을 두리번거리거나 막연한 기분에 젖어 들 틈이 없다. 그냥 쓴다.

이 책에서 다루는 글쓰기란 자기 홍보를 위한 글과는 다르다. 업무용 보고서나 마케팅에 필요한 카피라이팅이나, '소득세 환급받는 법'과 같이 정보를 전달하기 위한 글도 해당되지 않는다. 내 안에 고인 문제를 바라보고, 그것을 나의 언어로 해석하는 글이다.

작가로서 이름을 알리는 일에 도움이 되지 않을 수 있다. 나를 유능하게 보이지 않게 하고, 생계를 꾸릴 만큼의 보상도 주어지지 않는다. 생계유지와 명성을 떠나 그저 쓰고 싶은 마음이 가득한 상태가 동기이다.

블로그나 인스타그램에 남기는 짤막한 단상이나 일기가 아니다. 여기에서는 2,000자(200자 원고지 10매 분량)이상의 완결된 원고를 말한다. 커뮤니티 안에서만 읽히기보다, 불특정 다수가 저자에 관한 정보 없이도 읽을 수 있는 글을 지향한다. 나아가 글쓰기 수업 때만 쓰거나, 서너 번 쓰고 끝나지 않으며 지속적인 글감 발굴을 목표로 한다.

하루 종일 글만 쓰거나 책만 읽을 수 있는 사람에겐 해당하지 않는다. 매일 4~8시간 이상, 글과 무관한 생업에 시달리면서도 글쓰기의 언저리를 맴도는 사람. 글쓰기 욕망은 부글거리는데, 자신도 모르게 릴스·OTT·유튜브·쇼핑몰을 헤매다 '오늘도 종쳤네'를 반복하는 사람. 그런데도 누군가 책 냈다는 소식에 질투와 부러움이 끓는다면, 당신은 이 글에 딱 맞는 독자일 것이다.

결핍과 허기를 극대화한다

 글쓰기를 당장하게 하는 강력한 동기는, 결핍과 허기이다. 단순히 충족되지 않은 욕구와는 구별된다. 쓰기에 쓸 땔감이자 재료로서, 이야기가 내 안에 쌓이는 계기다. 물질적이며 환경적인 기반 그 자체에서 온다. 친구가 없는 아웃사이더더라거나, 생각을 말로 충분히 전달하지 못하거나, 가까운 이들과 의사소통이 되지 않을 때, 하고 싶은 말이 쌓인다.

 반대의 경우, 마음이 헛헛할 때 만날 술 친구가 있거나, 온라인에서 근황을 나눌 지인들이 있고, 생계든 집안일이든 스트레스를 꾸준히 받는 일이 없다면, 글을 쓰려는 마음은 약해진다.

나를 둘러싼 환경이 호의적인 경우는 드물다. 대부분 온갖 문제를 맞닥뜨리며 산다. 단, 빠르고 쉽게 해결하려 한다. 글쓰기가 되지 않는 이유는 생활이 평안해서라기보다, 쓸 말을 쌓아갈 시간을 잃어버려서일지도 모른다. 결핍이나 허기를 해소하지 말고, 있는 그대로 두거나 극대화하자고 제안한다.

2018년, 첫 책을 냈다. 아이가 다섯 살 무렵이었다. 300페이지가 넘는 단독 에세이 3권을 6년 동안 출간했다. 첫 책을 내고 지금까지, 주 5일 직장 근무도 병행하고 있다. 직장일은 내가 쓰는 글쓰기 주제와 전혀 연관이 없다. 프로젝트를 위한 견적서와 기획서를 쓰고, 거래처와 비용을 논의하고, 일정을 관리하고, 작업물을 확인하며 피드백을 전달한다. 사정을 아는 사람들은 물었다. 어떻게 그토록 많은 일(육아, 책 읽기, 글쓰기, 직장일)을 하냐고. 잠은 자느냐고.

나와 비슷한 조건을 갖춘 기혼 여성들을 돌아보면, 오히려 내가 한가한 사람처럼 보이곤 했다. 저마다 파트타임이라도 일을 하고 있었다. 아이들 학습도 챙기고 있었다. 배우자가 퇴근하면 식탁에 마주 앉아 대화도 나눈다고 했다. 매주 빠지지 않고 장을 보거나 식재료가 떨어지기 전에 주문했다. 가족과 주말이면 나들이를 갔고, 부모님 생신이나 명절이 다가오면 선물도 미리 챙겼다. 블로그나 인스타그램를 돌아다니며 다정한 댓글도 남겨주었고, 심지어 카톡까지 10초도 안 되어서 확인했다. 유행하는 드라마와 영화도 빠짐없이 보고 강의도 들으러 다녔다. 그들의 숨가쁜 일상을 바라보았다. 어느 것 하나 포기하지 않는 완벽한 균형 속에서, 다들 말했다. 글 쓸 시간이 없다고.

나 역시 아이가 세 돌이 될 때까지 인스타그램에 남기는 육아 일상 말고는 단 한 줄도 쓰지 못했다. 시간이 주어지더라도 글이라는 걸 쓸 수 없었다. 이미 해야 할 게 많았으니까. 그런 와중에 쓸모있는 일을 해야 한다는 조급함에 발을 동동 굴렸다. '더 많이 해야 해, 더 많이'를 외치며 스스로를 볶아댔다. '애 엄마'라는 신분이 책읽기와 글쓰기를 방해한다며 자괴감을 느끼고 머리를 쥐어뜯었다.

조바심을 내려놓은 계기가 찾아왔다. 이사를 구실로 7톤 가까이 되던 짐에서 5톤 정도를 버렸다. 소유욕으로 갖고 있던 책 400권을 처분했다. 사람들의 연락처를 삭제했고, 온라인 카페를 탈퇴했다. SNS 계정을 닫고, 스마트폰을 없앴다. 잘 먹지 않는 아이를 위해 매 끼니 다른 반찬을 준비하던 짓을 관뒀다. 그렇게 하고 나서야 조금씩 긴 글이 흘러나왔다. 그때야 물었다. 글을 쓰지 못했던 이유가 정말 '애 때문'이었을까?

잠은 자느냐고 묻는 이들에게, 내가 차마 꺼내지 못한 말이기도 하다. 글을 쓰지 못하게 방해했던 건 아이가 아니라, 모든 걸 놓지 못했던 나였다는 것.

내 생활은 평일엔 직장 업무, 주말엔 글쓰기로 이루어진다. 집안일은 생존을 위한 최소한만 한다. 친목을 위한 만남은 1년에 두세 번에 불과하다. 주말이 되면 아이는 친구들과 놀고, 배우자는 낮잠을 자고, 나는 글을 쓴다. 혼자 시간을 보내다 보면 유튜브와 SNS 접속 유혹이 인다. 인터넷을 차단하는 프로그램을 설치했다. 자기 조절력 따윈 믿지 않는다.

기혼여성이자 직장인으로 살며 어떻게 글쓰는 시간을 확보할 수 있을까. 모두가 이렇게 해야 한다고 말하고 싶진 않다. 핵심은 육아를 비롯한 집안일이나 사교활동, 인터넷 접속에 사용하는 시간을 최소한으로 줄이는데만 있는 것도 아니다.

그보다 시간이 생겼을 때, 그 시간에 스며드는 허전함, 공허함, 무료함을 그대로 둔다. 비어 있는 시간에 약속을 잡지 않고, SNS를 기웃거리지 않는다. 단상을 생각나는 대로 끄적여대지 않고, OTT 시청하며 '혼술'하지 않고, 인터넷 뉴스를 배회하지 않는다. 불안을 쉽게 잠재우는 장치를 생활에서 최대한 제거해 나간다. 외로움에 사무치는 상황을 조성한다. 결핍과 허기가 생생하게 실감되어 몸부림치며 솟아나게. 일시적인 도파민으로 덮히지 않도록.

내 속내를 들어줄 사람도 없고, 불안을 해소할 공간도 없는데, 하고 싶은 말이 많아 미칠 것 같을 때, 안절부절함을 해소하기 위해 인간은 무언가를 한다. 등산을 가고, 산책을 나서기도 하며, 창틀 청소를 하기도 하고, 화초를 키우기도 한다.

글을 쓰고 싶던 사람은 글을 쓸 수밖에 없다.

조각내고, 다시 모은다

 난관은 또 있다. 시간이 생겨도, 하고 싶은 말이 가득 차도, 써지지 않는다. 내가 그랬다. 인터넷을 차단해도 글로 직진이 되지 않았다. 일을 마치고 와, 저녁에 시간이 생겨도 써지지 않았다. 아무리 나를 외롭게 고립시키고 하고 싶은 말이 쌓이게 만들어둬도, 정작 문장을 완성하려 하면, 에너지가 없어 집중이 흐트러졌다. 쓰고 싶다는 감정만 품고 멍하니 앉아 있기만 했다.

 직장인이라면 저녁엔 지친 상태니까 아침 일찍 일어나서 써봤다. 부작용이 생겼다. 출근 전 2시간 정도 몰입하면, 근무에 집중하는 게 어려웠다. 내 직업은 디자이너다. 디자인은 하지 않고 견적서만 쓴다고 자조적으로 말하곤 하지만, 하는 일의 대부분은 기획이나 편집과 같이 아이디어를 조직하는 일에 가깝다. 창작력도 하루에 정해진 총량이 있는 걸까? 아이디어를 짜내고 나면 뇌가 멍해졌다.

주말에만 쓰기도 시도해 봤다. 주말도 비슷한 난관에 봉착했다. 토요일이 된다고 스위치 켜듯 글쓰기 모드로 전환되는 게 아니었다. 예열이라는 명분으로 유튜브를 보거나, 상관없는 책을 읽으며 서너 시간을 흘려보냈다.

창작에 관련된 일은 육체노동과 다르게 일의 시작과 끝이 분명하지 않다. 밥 먹거나 잠자기 전에도 생각난다. 다른 말로 하면 몰입이다. 몰입 상태가 지속되어야 불씨도 타오른다. 며칠 동안 쓰려는 내용에 가느다란 끈을 연결하고, 수시로 곱씹고 떠올려야 한다. 그러나 직장일과 글쓰기를 동시에 하자, 뇌 회로가 뒤죽박죽 되었고, 예열에 많은 시간을 보내야 했다.

수년 동안의 시행착오 끝에 방법을 찾았다. 평일엔 글이 아니라 메모만 쓴다. 단어의 적절함이나 문장의 짜임새를 고려하지 말고, 즉각 떠오르는 파편 같은 생각을 거칠게 적는다. 메모는 창작 에너지를 많이 요구하지 않으니 말이다.

평소에 조잘조잘 떠들 사람도 없고, 틈틈이 찾아오는 무료함을 달랠 방안이 마땅치 않다 보니, 혼잣말하듯 메모를 많이 쓴다. 단상이나 의문점, 하소연이나 분풀이를 '구글독스'에 휘리릭 내뱉는다. 4~500자 이내 짧은 글도 키워드를 적어 제목 서식으로 지정해 목차로 만든다. 원고 쓰기에 착수할 때, 목차만 훑거나 키워드를 검색하면 소재를 찾기 쉽다.

메모가 6개월 동안 모이니 A4 100여 장 가까이 되었다. 원고를 위한 초고가 아니니, 문장을 고스란히 살리는 경우는 거의 없다. 그러나 메모들은 장차 원고를 쓰기 위한 재료 저장소이자 서랍장이다. 생각의 실마리를 제공해 준다. 저장 창고에 비상 식량이 넉넉하니 소재 고갈에 시달리지 않는다.

원고를 위한 글쓰기는 5~6시간 이상의 통시간이 필요하다. 그래서 주말에만 한다. 쓸 내용을 정하면 관련된 메모를 복사해서 문서 프로그램의 지면 위로 붙여넣는다. 자료가 필요하면 읽었던 책을 꺼내 발췌한다. 메모의 덩어리들을 엮어 개요를 짠다. 글 덩어리를 스케치처럼 깔아둔다. 큰 흐름이 잡히면 앞에서부터 거친 문장을 수정한다. 밑그림에 트레이싱지를 대고, 가늘고 예리한 연필로 그리는 것과 비슷하다. 구상이 어느 정도 되어 있으니 예열에 시간을 오래 들이지 않고 시작할 수 있다.

쓰기 전까지 주제나 결론을 명확하게 정하지 않는다. 대부분의 글쓰기 수업이나 글쓰기 책에선 주제부터 정하는 걸 당연하게 여긴다. 시간이 빠듯한 사람은, 주제부터 정하려면 시작도 못한다. 무엇을 쓰겠다는, 글의 내용으로만 가닥을 잡아 둔다. 주제는 쓰다가 얻어걸린다. 많이 언급되는 단어나 중복되는 질문, 쓰다가 튀어 오르는 문장을 붙잡아 주제로 발전시킨다. 글의 흐름은 글이 스스로 찾아간다.

지바 마사야의 《현대사상입문》을 읽다 보니 저자가 언급한 들뢰즈식 작업술과 내 방법이 유사했다. 모든 것은 되어가는 도중에 있고, 진정한 시작과 끝은 없다는 것이 들뢰즈 철학에서 말하는 '생성' 개념이다. 지바 마사야는 들뢰즈의 개념을 글쓰기에 적용하며, 가장 낮은 장벽의 프로세스부터 시작하자고 했다.

들뢰즈식 글쓰기는 이렇다.* '이 주제로 쓰겠다'라고 결단한 다음 착수하지 않는다. 뉴스를 읽거나 SNS에서 보았거나 책을 읽다 떠오른 생각을 끄적거린다. 뭔가가 흘러나온다. 메모를 원고에 넣거나 글로 발전시킨다. 완성을 목표로 하지 않는

---

* 지바 마사야, 《현대사상입문》, 김상운 번역, 2023년, 68쪽 - ""본격적으로 쓰기 시작했다"라는 시작을 잘 설정해야 한다는 규범의식을 버리고 왠지 모르게 내친김에 착수해서 써 버린 것을, 이제 그것을 정식 작업으로 파악해서 OK구나,라고 생각하는 것입니다. (중략) 어디까지 갔어도 프로세스이기 때문에, 그것을 어느 정도의 지점에서 "뭐 됐어"라고 하며 끝을 냅니다."

다. 어느 순간 이 정도면 됐다며 끝내버린다.

  내가 쓰는 대부분의 글도 마찬가지다. 글쓰기에서 가장 중요한 건 일단 시작하고 무조건 끝까지 쓰는 것이다. 이게 가능하려면 주제가 찾아올 때까지 기다리지 않아야 한다. 완벽한 글을 쓰겠다고 하염없이 붙잡고 있지 말아야 한다.

방해와 긴장에서 쓰는 글

매력적인 제목의 책을 읽었다. 《나의 사랑스러운 방해자》* 도리스 레싱, 수전 손택, 어슐러 르귄 등 작가들이 아이를 키우며 어떻게 글쓰기를 해왔는지 기록한 책이다. 출판사의 소개 문구엔 '방해와 긴장과 허기, 모든 것이 창조적 모성의 양분이 된다'고 쓰여 있었다.

막상 읽어보니, 모성과 창조력이 얼마나 비례하며 상호 영향을 끼치는지 밝히진 않았다. 오히려 작가들이, 엉망진창이었

---

* 줄리 필립스, 《나의 사랑스러운 방해자》, 박재연,박선영,김유경,김희진 번역, 2023년

던 결혼과 육아 생활 와중에도 글쓰기를 해나가려고 얼마나 이를 악물며 살아냈는지 보여준다. 어슐러 르귄처럼 배우자가 양육과 가사노동에 적극적이었던 드문 케이스를 제외하곤, 작가들은 대체로 배우자와 끝없이 불화했다. 창작활동을 온전히 지지하지 않은 배우자와 갈등도 있었지만, 그들의 비타협적이고 예술가적인 기질도 큰 이유 중 하나였다. 창작을 삶의 우선순위로 삼은 그들은 하기 싫은 건 과감히 그만뒀고, 트러블은 생겨났다.

예술가 엄마들의 모성이란 대체로 극단적이었다. 그들은 온순하고 온화한 모습으로 자식을 사랑하지 않았다. 자식을 사랑하는 마음은 모두에게 있었지만, 표현 방식은 방치부터 통제까지 다양했다. 방치했든 볶아댔든, 각자의 방식대로 엄마됨을 구성하며 창작과 양립했다는 점은 공통점이다. 자식에게 소홀하기도 했고 관계가 틀어지기도 했으나, 삐뚤고 불완전한 삶을 받아들였다.

나는 '아이를 키운 경험은 창작의 자양분이 된다'고 읽지 않았다. 내 경험만 비춰보아도 육아라는 경험이 영감의 형태로 순화되어 분출한다거나, 돌봄이 글감이 될망정, 창작에 도움이 된 적은 없었다. 방해했으면 했지. 찾아오는 방해꾼도 전혀 사랑스럽지 않았다. 혼자 있고 싶었다. '양육의 시간이 그자체로 영감의 원천이'라니. 나에겐 거짓말이다.

그러나 다른 면이 있었다. 글쓰기에 하루 종일 전념하지 못하는 상태는 원동력으로 작동했다. 막다른 길에 몰리거나, 답답한 상황에 갇혔을 때, 맞서다 터져 나오는 독특한 에너지가 있다. 직장으로 바꿔도 마찬가지다. 육아든 직장이든, 글쓰기를 방해하는 경험은 그것 자체로 영감의 원천은 아니지만, 방해에 저항하고 궁리하면서 창조력이 생성된다고 해야 할까? 대단한 아이디어가 샘솟아서가 아니라, 생활과 글쓰기의 줄다리기에서 발생하는 뜨겁고 팽팽한 긴장감이 글에 고스란히 반영되기 때문이다. 이 긴장을 못 견디고 애매한 균형을 맞추려고 하면 글은 곧 힘을 잃는다.

글쓰기와 육아, 또는 일과의 균형을 어떻게 맞추냐는 질문을 그동안 많이 받아왔다. 답은 이랬다. '균형을 맞추는 건 불가능해요. 균형을 포기하세요.' 모든 것을 무난히 수행하면서도 글도 쓰고 싶다는, 말도 안 되는 균형을 이루고 싶다는 마음으로는, '한다'까지 가기 어렵다. 쓰더라도 '싶다'만 술어에 난무한다. 시간이 될 때까지 기다린다고 써질까. 사방이 나를 압박하는 와중에도 쓰지 않고는 못 배기니 쓰는 것이다.

도리스 레싱은 런던에서 혼자 아들 피터를 키우면서 글을 썼다. 집안일을 하고 싶은 충동을 억누르고, "평평하고 따분한 상태" 즐기면서, 시간이 주어지면 폭발적으로 집중했다.*

《나의 사랑스러운 방해자》에서 전달하는 메시지를 이렇게 받아들였다. '끝까지 써라. 살아남아라. 악착같이 써라. 그 수밖엔 없다.' 책의 재미를 떠나, 생업과 육아 속에서도 글쓰기를 멈추지 않은, 작가들의 진실에 공감한다.

하면 안 되는 것도 있다. '어차피 제대로도 못 하고 뒤죽박죽인데 때려 치워버려'라는 태도. 제대로 보장된 시간, 생활과 글쓰기가 원만한 균형을 이루는 시간, 뭉근한 기분이 차분한 쓰기로 자연스럽게 이어지는 시간은, 평생 기다려도 오지 않는다. 모든 것이 뒤죽박죽인 와중에도 혼자서, 천천히, 틈틈이, 꾸준히 쓴다.

---

* 〈4장, 양립할 수 없는 쾌락 : 도리스 레싱〉 참고, 앞의 책

02

글감의 발견, '왜'라고 묻는다

나를 알기 위해서 쓴다*

왜 글을 쓸까. 30대 초반까진 재미를 주거나 지식 자랑이 목표였다. 여행기와 책 서평을 개인 블로그에 썼다. 여행기를 쓸 땐 부러움만 일으키면 진부해 보이므로 고생담을 적절히 섞었다. '재미있다'는 댓글이 달릴 때마다 어떻게 하면 더 웃기게 쓸까 궁리했다.

서평을 쓰며 '이런 책도 읽는 지적인 나'라는 정체성을 뽐내고 싶은 마음이 컸다. 비판적 관점을 견지하는 깨어 있는 시

---

* 정희진, 《나를 알기 위해서 쓴다》, 교양인, 2020년 - 소제목으로 넣은 '나를 알기 위해서 쓴다'라는 문장은 정희진의 책, 《나를 알기 위해서 쓴다》에서 가져왔다.

민으로 각색되곤 했다. 누군가를 불편하게 하는 질문은 하지 않았다. 글이 심각해지려고 하면, '이것도 저것도 옳다', '반박 시 님 말이 맞음'과 같은 태도로 슬쩍 빠져나갔다.

글쓰기의 목적이 달라진 계기는 아이를 키우면서부터였다. 엄마가 되어 혼자 아이를 돌보고 집안일을 하게 된 내 모습을 쉽게 받아들이지 못했다. '좋은 엄마 되기'라거나 '이토록 좋은 엄마인 나'를 쓰는 건 도저히 불가능했다. 글로 남기고 싶었던 건, 아이를 돌보며 밀려온 감정의 결이었다. 혼란과 행복, 고통과 사랑이 얽히고설킨.

> "엄마니까, 주부니까, 라며 당연하게 만들어진 원칙은 언제나 목에 걸린 가시 같아 아무리 밥을 꾸역꾸역 삼켜도 내려가지 않았다. 억지로 삼키려 하면 사레에 들렸다. 그저 받아들이고 의문 없이 불만 없이 수긍하면 되는 그 쉬운 일을, 질문을 포기하면 되는 그 편한 일을, 그게 뭐라고 아직 못 한다. 아니 못하겠다."*

써놓고 보면 별것 아니지만 못하겠다는, 그 한마디를 꺼내

---

* 신나리, 〈살림이 싫어〉, 《엄마 되기의 민낯》, 연필, 2018년, 개정판, 199쪽

기가 어찌나 어려웠던지. 내적 검열과의 싸움 끝에 고르고 고른 말을 기어이 쓰고 나면 체증이 확 내려갔다. 나를 옥죄던 것들에 잠시나마 복수한 듯 후련해졌다. 글을 쓰면서 거듭 물었다. '왜 엄마 되기가 이토록 힘들지? 그리 고통스럽다면서 왜 아이가 자고 있을 때 물끄러미 바라보면 사랑스럽지?' 알고 싶다는 마음, 그 막막함이 글을 쓰게 한 동기였다.

'알고 싶다'는 인간이라면 누구나 가진 욕구에 가깝다고 생각한다. 누구나 자신을 궁금해하지 않던가. 삶의 방향을 상실할 때 나를 알고자 필사적으로 무언가를 찾아다니게 되지 않던가. MBTI이나 사주명리, 온갖 심리테스트의 유행은 '지금 왜 하필 이런 일을 겪는가, 왜 나는 유독 무엇을 싫어하거나 좋아하는가'를 미치도록 알고 싶어 하는 사람들의 마음을 반영한다.

그러나 심리 테스트나 특정 유형으로 나를 설명하는 방식은 나를 알아가기보다 '규정하는 일'에 가깝다. '이렇게 사는 나'에 왠지 안도할 수 있다. '나는 이러저러한 사람'이라고 정의하면, 침범받지 않을 고유한 정체성이 확보된 듯하다. 나를 알아가는 피곤함, 때론 처절함에 가까운 노력을 하지 않아도, 내가 누구인지 설명할 수 있어 간편하다. 레고 블록처럼 조립하고 싶다. 성격 유형은 세상이 만들어놓은 틀 속에서만 나를 설명한다.

  나를 안다는 것은 무엇인가. 정희진은 "나는 누구인가" 대신 "나는 어디에 서 있는가"를 물어야 한다고 말했다.* 누구도 단독으로 존재하지 않는다. 내가 생각하는 '나'는 관계에서만 존재한다. 경제적 계층, 성별, 연령, 건강 상태 등, 모든 요소가 교차하며 지금의 나를 만든다. 진정한 나를 찾고 싶어 하지만, 내가 쓰는 말이나 행동은 사회의 특정한 가치관을 흡수한 결괏값이다. 진정한 나를 찾겠다는 그 절실함조차도.

  언젠가 길을 가다가 엄마로 보이는 이가 아이에게 소리 지르는 모습을 봤다. '엄마가 어떻게 저래?'라고 생각했다면, 순수한 판단일까? 오랜만에 만난 친구에게 "야, 너 살 빠졌다"라고 무심코 말할 때는? 이런 말을 하는 이유는, 사회적 통념이나 이데올로기를 내면화했기 때문이다. 엄마라는 규범, '얼평(얼굴평가)'을 인사처럼 사용하는 통념을 수용했기 때문이다. 나를 안다는 건, 이런 말을 하는 내 자리를 아는 일이다.

---

* 정희진, 《나를 알기 위해서 쓴다》, 교양인, 2020년, 14쪽. "내가 누구인지를 알아야 내가 아는 지식을, 내가 쓴 글을 알 수 있다. 하지만 "나는 누구인가"라는 질문으로는 '나'를 알기 어렵다. 이 질문은 "나는 어디 서 있는가"라는 탐구로 바뀌어야 한다."

나를 알기 위해 글을 쓰다 보면 '어디에 서 있는가'를 알아가게 된다. 이런 글엔 가족, 직업, 경제력, 취향이 등장할 수밖에 없다. 어렵다. 외면해 온 나를 자꾸 직면해야 한다.

 막상 일할 때는 아이가 떠오르지 않는 나. 퇴사를 입에 달고 살지만, 고정 수입 없이 살 때 얼마가 필요한가 따져보지 않은 나, 배우자를 비판하면서도, 그의 월급에 기대며 눈치를 보는 나. 이런 글에선 누리는 특권, 이미 가지고 있는 문화, 경제적, 지적 자원이 드러난다.

 그래서 글을 쓸 때 뽀샤시 필터를 씌운다. 나쁘진 않다. 글의 목적이 홍보나 삭막한 세상을 향한 따뜻한 위로, 눈물 한 방울이라면, 그에 맞는 보정이 필요하다. 나를 바라보는 글쓰기에도 '샤픈'이나 '엣지'를 줘 보정해야 한다. 단지 나의 글에서 무엇을 드러내고 무엇을 가리느냐에 달려 있을 뿐이다.

'왜'라고 묻는다

 '나는 어떤 사람이다'라며 설명하는 글이 아니라, 어느 위치에 있는지 물어가는 글을 쓰면 무엇이 좋을까. 실용적인 효과 한 가지만 언급하려 한다. 글감의 광맥이 생긴다.

 어디에 서 있는가 알고자 하면 주변 모든 것이 낯설어 보인다. 현재의 모양으로 있게 된 이유를 물을 수밖에 없으니까. 되묻기는 곧 글감이 된다.

 직업이나 진로를 고민할 때 듣는 말이 있다. '좋아하는 일을 찾아라.' 그런데 '왜?'라고 되물을 수 있지 않을까. 좋아하는 일을 미리 찾을 수 있던가. 어떤 일에 호감이 생긴다 해도 그

일이 나에게 적합할지는 해보지 않으면 모른다. 좋아하는 줄 알고 시작했으나 뒷통수 맞고 포기하는 경우도 많다. 이때 좋아하는 일을 찾았다고 자랑하기보다, 환상이 깨지는 과정을 솔직하게 글로 쓸 수도 있다.

    1. 좋아하는 일, 하고 싶은 일을 직업으로 하려면 어떻게 해야 할까?
    2. 왜 좋아하는 일을 찾으라고 하는 걸까? 꼭 자아실현을 해야 하는가?

다른 예를 보자. 아이를 낳으면 흔하게 듣는 양육 규범이 있다. '만 세 살 이전의 엄마 애착 양육설'이다. 전제 자체를 낯설게 보면 양상이 달라진다. '아이가 세 살이 될 때까지 키워야겠다'라는 다짐이 바뀐다. '잠깐, 세 살까지 엄마가 키워야 한다고? 계약이라도 했어?'

    1. 세 살 이전엔 아이와 어떻게 애착을 만들까?
    2. 왜 세 살까지 엄마가 양육해야 하나? 꼭 그래야 하나?

두 질문은 닮아 보이지만 전혀 다른 글이 된다. 1번은 주어진 규범을 받아들이고 '그래서 어떻게 할 것인가'를 고민하는 질문이다. 반면 2번은 규범 그 자체를 물고 늘어진다. 규범이 과연 나에게도, 우리 모두에게 합당한가를 묻는다.

1번은 '나는 이렇게 (잘) 했다'는 식이다. 2번은 세계를 탐구하는 글이 된다. 자아실현이나 애착이라는 개념이 만들어진 역사적인 배경까지 탐구할 수 있다. 어느 쪽이 더 우월하다고 말하고 싶진 않다. 다만, 나를 알아가는 글쓰기에는 2번이 조금 더 가깝다.

이런 접근은 무엇에 좋을까. 글쓰기에 관해 대화를 나누다 보면 자주 듣는 말이 있다. '쓸 게 없다.' 야심차게 몇 편을 쓰더라도 1년을 넘기지 못하고 글감의 빈약함을 호소하는 경우가 많았다. 여행 같은 특별한 이벤트를 기록하거나, 일상을 적은 일기, 영화나 책을 읽고 쓰는 감상문에 국한되어 간다.

모든 것이 좋은 소재다. 좋은 글감이 될 수 있다. 중요한 건 관점이다. 나도 처음엔 여행기나 감상문을 쓸 때 경험을 나열하거나 단상을 늘어놓았다. 무엇을 보고 있는지도 몰랐다. 읽는 이가 글쓴이만의 목소리를 알아챌 수 있는 글을 쓰려면? 세상을 바라보는 나만의 렌즈를 갖는 일. 글쓰기란 여기로 수렴된다. 렌즈는 글쓴이만이 가진 고유한 관점에서 비롯된다. 그 관점은 질문에서 시작된다.

모두 화려한데 나만 구질구질한 SNS 육아

엄마가 살기 위해 어린이집에 보냈습니다.

엄마 됨을 후회하면 안 되나요.

돈 벌어도, 주부가 있어도 자기 돌봄은 셀프

퇴사라는 환상

내 책의 목차 중 일부다. 왜 SNS에서 육아의 구질구질한 면을 감추려 할까. 내 몸 편하자고 어린이집에 보내면 안 되는가. 엄마가 된 걸 후회한다고 말하면 안 되는가. 전업주부라면 배우자를 챙겨야 하는가. 퇴사하면 내가 원하는 대로 살 수 있을까.

질문은 번쩍이는 순간이라기보다, 사소한 일상의 틈에서 솟는다. '왜 이렇게 많은 장난감을 아이에게 사주고 있지? 회의를 이토록 자주, 길게 하는 일이 필요할까?' 무심결에 반복하던 일상이 문득 낯설어질 때를 놓치지 말고 포착한다. '장난감은 필요 없다. 좋은 회의 방법은 이런 것'이라고 결론내지 않아도 된다. 소재를 찾기 어려운 이유는 이미 충분히 알거나 정리가 된 내용을 써야 한다고 생각하기 때문이다. 같은 말이 반복되는 회의실, 발달에 좋다는 이유로 쿠팡에서 장난감을 주문하는 모습. 그런 순간을 한편의 블랙코미디처럼 돋보기로 확대해 보여준다. 이때의 글은 의도하지 않았더라도 묻는다.
'당신은 어떤가요?'

질문을 던지는 책 읽기

　3년 넘게 독서모임을 운영했다. 모임 때마다 책을 읽고 자기만의 질문으로 글을 써보자고 하면 많은 이들이 난처해했다. '아무리 생각해도 질문이 떠오르지 않아요', '살면서 질문을 가져본 적이 없어요'라고도 했다. 어려운 이유는 뻔하다. 우리는 묻는 법을 배우지 못했다. 80년대생인 나는 어렸을 적부터 질문을 권장 받기보다 쓸데없는 소리 한다고, 딴죽이나 건다고 구박받기 일쑤였다. 기껏해야 찬반 토론이 전부였다.

　두려워하기도 한다. 물음은 혼란을 불러온다. '돈을 꼭 벌어야 해' '능력 있는 직장인이 되어야 해' 같은 문장을 그대로 받아들이면 편하다. '왜'라고 물으면, 모든 게 심란해진다. '누가 좋아하는 걸 일로 하냐'고 냉소하거나, '하기 싫지만 돈 때문에 한다'고 위안해 오던 믿음이 무너져 버리니까.

양육에서도 비슷한 일이 생긴다. '엄마가 세 살까지 애 키워야 한댔어. 그래야 애를 안 망쳐'라고 믿고 따르면 방향이 확실하다. 반면에 '왜 그래야 해?'라고 묻는 순간, 세상이 발끈한다. 혼란은 둘째 치고 주변에서 간섭과 평가가 몰려온다. '엄마가 되어서 어떻게 애를 두고…'

명료한 질문을 만들지 못해도 괜찮다. 가슴 속에 스멀스멀, 뭉게뭉게 피어오르는 의심을 잡아채는 일만으로 충분하다. 그리고 도움을 받는다. 책을 꺼낸다. 책은 어슴프레 떠오른 질문을 뾰족하고 구체적으로 만들어준다. 경험을 쓰는 글조차, 경험을 입체적으로 읽어낼 관점을 얻으려면 정교한 언어와 렌즈가 필요하다.

중요한 건 책을 읽는 방식이다. 나를 아는 글쓰기를 하려면, 내가 사고하던 방식을 헤집고 쑤셔대는 책을 읽어야 한다. 요즘은 공감과 위로가 잘 나가는 책의 필수 조건이 되었지만, 공감에도 여러 차원이 있다. 흔히 막연하게 느끼던 바를 명료하게 표현할 때, '공감했다'고 말한다. 여기엔 함정이 있다. 혹시 내가 믿고 있던 바를 확인시켜주기만 바라는 건 아닐까?

공감은 종종 '동의'와 같은 뜻이 된다. 공감이란 감정은, 두루뭉술하던 생각을 정확히 표현해줘서 느끼기도 하지만, 어떤 저항감도 없이 술술 읽힐 때 가지기도 한다. 동의와 비동의만 가르다 보면, 사고는 바뀌지 않는다. 질문도 생기지 않는다. 글을 쓰며 나를 알아가기보다, 이미 아는 나만 쓴다.

책을 읽을 때, '어? 정말? 그런가? 이게 뭐지?'라고 반감이나 저항감을 울렁이게 하는 문장에 머물곤 한다. 이미 알던 지식을 박살 내는 문장을 만나면 벌떡 일어난다. 희뿌옇던 막을 들춰내거나, 무엇인지 분간 못 하던 지점을 고해상도로 보여주는 문장을 만나면, 방을 뱅뱅 돌며 걸어다닌다.

이만교는 《나를 바꾸는 글쓰기 공작소》에서 이런 '각성의 문장'을 '씨앗 문장'이라 불렀다. 책에서 손을 떼지 못하게 하고, 글을 쓰고 싶게 하는 문장이다. 글을 쓰도록 부추기는 최초의 동기다.[*]

책을 읽으며 단 하나의 씨앗 문장만 건져도 성공이다. 씨앗 문장은 질문에 방향성을 부여한다. 갈팡질팡 헤맬 때마다 씨앗 문장을 떠올린다. 생각의 불씨가 지펴진다.

글 안에서 씨앗 문장은 어떤 식으로 작동할까.

---

[*] 이만교, 《나를 바꾸는 글쓰기 공작소》, 그린비, 2009년, 77~79쪽 참조

첫 책, 《엄마 되기의 민낯》를 구상할 때, 사회학자 엄기호의 글을 읽고 글쓰기의 방향을 정했다.

> "증언으로서 글쓰기에서 가장 필요한 것은 자기 자신을 우리 사회의 권력이 작동하는 공간으로 바라볼 줄 아는 것이다. 그리고 그 권력에 의해 자신이 어떻게 움직이고 있는지를 말할 수 있는 용기이다. 권력에 대해 증언한다는 것은 권력에 맞서야 한다는 것을 의미하지 않는다. 오히려 그 권력에 내가 얼마나 철저하게 무력할 수밖에 없었는가를 드러내는 것. 그것이 더 강한 '진실에 대한 용기'이다."*

증언으로서 글쓰기란 무엇일까. 이 사회의 권력으로부터 내가 얼마나 무력했는가를 쓴다. 엄마가 된 일을 쓸 때, 힘들었던 나를 간절히 증명하고 싶었다. 증언이 되려면 모성애 이데올로기에 속수무책으로 끌려다닌 부분만이 아니라, 결탁하고 방패로 삼은 부분까지 포함해야 했다. 내가 직장을 다니지 않은 이유는 뭔가? 엄마가 아이를 키우라는 사회적 권력에 굴복

---

* 엄기호, 〈폭력과 야만의 시대, 신자유주의 그 이후〉 강의록, 〈아트앤스터디-www.artnstudy.com〉

한 것이기만 한 걸까? 아이를 사랑해서 기꺼이 헌신하기로 한 건가? 출산과 육아를 구실로 경쟁 사회에서 도피하고 싶었던 건 아니었나? 아이를 향한 헌신에 사심은 한 방울도 없었나? 가부장제를 비판하면서도 그 울타리 안에서 안도했던 건 아닌가. 권력에 무력했다는 것은 단순히 피해를 받았다는 걸 말하지 않는다. 권력을 내면화한 흔적까지 봐야 하다. 몸을 가부장제나 자본주의 같은 권력이나 체제가 작동하는 공간으로 본다는 건, 나를 납작하고 전형적인 엄마로 범주화하여 그리지 않겠다는 의미이기도 하다.

《여자, 아내, 엄마 지금 트러블을 일으키다》의 원고를 쓰던 시기, 나를 지탱해준 씨앗 문장이 있었다. 김영민의 《공부론》이었다.

> "'몸이 좋은 사람'이란, 걸으면서 그 걷는 방식만으로, 살면서 그 사는 방식만으로 통속적으로 유형화된 욕망과 열정의 소비·분배 구조를 깨뜨릴 수 있는 결기와 근기를 스스로의 몸속에 기입한 사람이다."*

---

* 김영민, 〈'몸'이 좋은 사람들〉, 《공부론》, 샘터, 2011년, 170쪽

내 책 전체를 포괄하는 건 '일상의 페미니즘'이었다. 성평등은 대의로 주장하기 쉬운 주제다. 주방의 개수대나 침실에, 모세혈관처럼 스며 있는 성차별을 무시하고, 평등을 위한 제도만을 언급하는 건 공허하다고 보았다. 일상에 작은 균열을 내는 페미니즘을 말하고 싶었다. 생활에서 부딪히는 사소하고 끈질긴 이슈를 전면에 드러내는 건 쉽지 않았다. 이 방향성에 자신 없어질 때마다 《공부론》의 문장을 읽었다. "작고 견결한 실천들을 통해", "체제와 창의적으로 불화"하기 위해.*

> "정신과 의사였던 프란츠 파농은 '직장을 잃지 않으면서 죄책감 없이 고문하는 방법'을 알려 달라는, 알제리 독립군을 고문하는 프랑스 경찰을 상담했다. 그들은 이를테면, 지적이고 싶지만 잃는 것은 없었으면 하는, 내가 자주 만나는 유형으로는 페미니즘 관점이 주는 힘과 다양한 지식은 갖추고 싶지만 세상과 갈등은 피하면서 기득권은 간직하고 싶은 사람들이다. 다행스러운 것은 이런 식의 앎은 불가능하다는 사실이다."**

---

* 앞의 책, 169쪽
** 정희진, 〈나의 육체여, 나로 하여금 항상 물음을 던지는 인간이 되게 하소서, 검은피부 하얀가면_프란츠 파농〉, 《정희진처럼 읽기》, 교양인, 2014년, 88쪽

오래전, 위 구절을 읽었을 때 반발심이 불끈 일어났다. 굳은살의 일부가 찢겨 나가는 것 같았다. 그때 알았다. 반감의 이면엔 동조하는 마음이 있었다. 애초에 나에게 없다면 건드려지지도 않는다. 일주일 넘게 생각했다. 삶을 흔들진 않을 만큼, 교양으로만 공부를 취하려고 한 건 아니었을까. 그런 공부는 지식으로 포장된 콘텐츠가 되어 나를 돋보이게 하고 무료한 일상에 작은 재미를 줄 수 있겠지만, 그건 앎이 아니었다. 위 문장은 나를 멈춰 세운다. 지금 책에서 무엇을 어떤 방식으로 취하고 있는가.

　나를 울렁이게 하고, 이전의 나를 찢어내고, 갈빗살 틈으로 쿡 쑤시며 들어오는 표현을 만나면 기쁘다. 최소 10장 이상을 쓸 수 있는 글감이 생겼으니. 부글거리며 싹트는 의문을 포착하고 책을 거듭 읽으며 질문을 구체화한다. 맞바람처럼 불어오는 문장을 온몸으로 맞으며, 뚜벅뚜벅 통과해 나간다. 그 과정에서 얻어 맞고, 몸부림치고, 도망치고, 껴안으려 하는 나를 써본다.

03

자전적 글쓰기

책쓰기와 형식 실험

 나의 경험을 써왔다. 책마다 시시콜콜하며 구질구질한 디테일을 자세하게 담았다. 엄마 됨이나 여자로서의 역할에 의문을 표하더라도, 내 발바닥에 쩍쩍 들러붙는 방바닥의 먼지, 손끝에 묻는 시큼하고 질척이는 음식물 쓰레기에서 출발하는 글을 쓰고자 했다. 글의 형식은 다양했다. 《엄마 되기의 민낯》은 생활글, 콩트, 서평, 비평, 소논문까지 섞었다. 아이와의 일상을 짤막하게 담거나, 책을 읽고 견해를 덧붙였다. '모성애' 규범이 구축된 과정을 추적하기도 했다. 구체적인 일상에서 출발해, 엄마 됨이라는 질문으로 나아갔다.

 《여자, 아내, 엄마, 지금 트러블을 일으키다》에선 작은 모험을 했다. 독서나 글쓰기를 중심으로 한 글을 제외하곤 모든 글에서 인용을 뺐다. 내가 알게 된 지식을 구체적인 예시로만 풀었다. 바람직한 답도 제시하지 않으려 했다. 결혼생활에서 페미니즘을 일상 안으로 받아들인다는 건 매 순간이 분열과 충돌의 연속일 수밖에 없다. 그 틈에서 솟아나는 불화, 갈등, 의문, 무엇보다 나의 비겁함을 감추지 않으려 했다.

세 번째 책 《이상하고 쓸모없고 행복한 열정》에선 글의 형식, 문체를 완전히 바꿨다. 살아오면서 거부할 수 없이 빠져들었던 것이 주된 내용이 되었다. 현재의 시점에서 과거의 경험을 구성했다. 오랜 과거의 경험을 있는 그대로 되살려 내기란 애초에 불가능하기에, 기억의 공백을 채우기 위해 각색을 했다. 초고를 읽어준 편집자와 글쓰기 동료들은, 현장에 같이 있는 듯한 생생한 묘사가 소설 같다고 했다. 초판에는 '소설과 에세이 그 어디쯤'이라는 부제를 붙였다.

제각기 다른 형식으로 세 번째 책까지 쓰고서야, 마치 처음 책을 쓰는 사람처럼 물었다. 어떤 서술방식이 나에게 맞는 걸까. 쓰고 싶은 장르가 먼저 있고, 장르에 맞춰 글을 쓴 게 아니었다. 그야말로 되는대로 썼다. 이제야 의문이 생겼다.

첫 번째 책은 일상적이며 소박한 생활글 위주로 썼다면 더 나았을까. 기혼여성의 페미니즘에 대해 쓴 두 번째 책은 차라리 독서 에세이나 인문서로 쓰는 편이 반발심을 완화하지 않았을까. 세 번째 책을 애매하게 경계를 흐리기보다 차라리 소설이나 르포, 둘 중 하나로 써버리는 편이 낫지 않았나.

이야기를 효과적으로 전달하려면 어떻게 해야 했을까?

이야기를 전달하는 방식

 이 글은 '자기에 관한 글쓰기'를 다룬다. 글의 화자는 1인칭의 '나'이며, 직접 겪은 일을 글의 소재이자 글감으로 삼는다. 비소설이자 논픽션이라고도 할 수 있지만 거대 담론이나 사회적, 정치적 이슈를 다루기보다 개인적인 체험에 집중한다.

 글쓴이가 '필자'라고 쓰며, 내용과 자기를 떨어뜨려놓는 글은 해당되지 않는다. 이런 글은 기후위기를 언급해도 자신이 얼마나 많은 플라스틱 쓰레기를 매일 만들어내는가 말하지 않는다. '지금, 여기, 나'를 지워버린다. 내가 이 글에서 주목하는 글쓰기 방식은, '나'의 목소리가 적극적으로 드러난다. '나'가 화자이며 삶을 바탕으로 삼는 글을, '자전적 글쓰기'라고 일컫는다.

비비언 고닉은 《상황과 이야기》에서 자전적 글쓰기를 구성하는 중요한 요소를 언급했다. '상황', '이야기', '페르소나'라는 3요소다. 먼저 '상황'과 '이야기'를 구분해 보자. 상황은 주변 환경이나 줄거리를 말한다.*

《이상하고 쓸모없고 행복한 열정》에 실린 글을 예로 들어보겠다. <오늘의 BGM>은 2000년대 중반, 싸이월드라는 기업에 근무했던 경험을 썼다. 매일 이어지던 야근과 밤샘, 동료들과의 미니홈피 교류, 플랫폼의 몰락까지. 이건 '상황'이다. 상황은 묘사로서 표현된다. 상황을 보여주기 위해 미니홈피에 걸린 'BGM'와 홈피 주인의 성향을 공들여 서술했다.

'이야기'는 무엇인가. 일에 대한 욕심이 일에 대한 환멸로 바뀐다. 그 일을 얼마나 사랑했는지 '발견'한다. 발견의 과정이 '이야기'다.

<Wise up>이라는 글에서는 대학 동아리에서 '52시간 동안 잠 안자고 영화 보기' 이벤트에도 나가고, 영화에 관한 열정이 서서히 식어가는 과정을 썼다. 영화를 좋아했지만 막상 해보

---

* 비비언 고닉, 《상황과 이야기》, 마농지, 이영아 번역, 2023년, 18~33쪽 참고

니 맞지 않다는 것을 알아간다. 줄거리이자 상황이다. 반면 말하고자 하는 이야기는 '관계이면서 선택'이다. 나를 알아간다는 것은 무언가와의 충돌이나 만남으로서만 알 수 있음을 말하고 싶었다.

 글쓴이가 자기를 어떻게 인식하고 있는가가 드러날 때 '이야기'가 있다고 할 수 있다. 고닉은 이야기를 "작가의 머리를 꽉 채우고 있는 감정적 경험, 통찰, 지혜"*이라고 했다.
 상황과 이야기, 두 가지를 글에 적절히 섞는 건 어렵다. 대부분의 글은 '상황'만 있거나 '이야기'만 있다. 앞의 책에 <모래가 우는 소리>라는 글이 있다. 몽골 여행을 갔다가 마지막 날 출국 2시간 전 여권을 소매치기당한 일을 썼다. 여권을 발급받기 위한 급박하던 24시간을 일주일 동안의 고비사막 여행과 교차했다. 많은 이들이 책에서 눈을 뗄 수 없다고 했다. 이 글은 여행기이지만 자전적 글이라고 하기엔 어딘지 부족했다. 여권 분실이라는 절체절명의 위기 상황에 글이 압도되었다. 흥미진진한 에피소드가 가득했지만, 전체를 관통하는 이야기를 만들어내지 못했다.

---

* 앞의 책, 18쪽

반대로 이야기만 남으면 지루하다. 처음부터 끝까지 저자의 주장이나 생각으로 가득 차 추상적으로 읽힌다. 반응은 대개 이렇다. '무슨 말을 하는지 모르겠다.' 사례가 부족하기 때문이다. 상황과 이야기는 하나의 글 안에서 절묘하게 밀고 당기기를 해야 한다. 상황만 강조되면 재미는 있지만 깊이를 놓치고, 이야기만 하면 구체성을 잃는다.

고닉은 비소설에서는 "작가가 무언가를 발견해나가는 여정에 있음"을 독자가 납득해야 하고, 독자에게 이 글에 "지혜가 있다는 확신"을 심어줘야 한다고 썼다.[*] 비소설에서 독자는 오로지 화자인 '나'에게만 의지한다. '나'가 관점과 중심을 잡지 못하면 글은 모호해지고, 읽는 사람은 찝찝하다. 자신의 관점만 성토해도 공감을 부르지 못한다

'이야기'가 작가가 전하고자 하는 메시지라면, 그건 무엇이어야 할까? 글에서 발견될 지혜와 통찰은 어때야 하나. 이 지점에서 걸린다. 대놓고 메시지를 설교하는 소설만큼 자전적 글이 진부해질 소지가 있다. 욕먹을 이야기는 쓰지 않는다.

---

[*] 앞의 책, 20쪽

엄마에게 요구되는 도덕성

《여자, 아내, 엄마, 지금 트러블을 일으키다》엔 '페미니즘 에세이'라는 부제를 붙였다. 페미니즘은 대중서 독자들에겐 거리감 있는 분야다. 특히 기혼여성들에게 페미니즘은 마찰을 일으킨다. 래디컬 페미니즘은 이성애 결혼제도를 가부장제를 지탱하는 핵심이라고 비판했다. 부정하지 않는다. 그러므로 결혼제도 안에 있으면서 페미니즘을 말한다는 건, 내부자로서의 공모성을 드러내고 밑창을 까발리지 않고서는 불가능하다. 대체로 페미니즘과 가족을 다루는 책은 연구서나 서평의 형식을 띈다. 저자의 실생활을 노골적으로 드러내는 방식을 취하지 않는다. 그래야 읽는 사람이 공격받는다고 느끼지 않는다.

 기존 문헌을 인용하지 않는다면 여성이나 엄마가 처하는 약자성을 적극적으로 호소하거나, 위로를 전하는 방식으로 다가가야 마음을 여는 경우를 자주 발견했다. 나는 생활의 모습을 날것으로 드러냈지만 약자됨도, 위로도 전달하지 않았다. 참고문헌의 권위도 빌리지 않았다. 이럴 때 독자는 긴장하며 받아들이기 쉽다.

 책을 내고 후기를 보니, 많은 독자들이 '답'을 원한다는 걸 알았다. 이런 경향은 2020년 이후 생활형 에세이에서 많이 보이는데, 지침을 또렷하게 제시하는 책의 판매량이 월등히 높다. 하지만 독자가 스스로 질문하기를 바랐다. 그런 흐름에서 멀어지고 싶었다.

 그러다 《분노와 애정》이라는 책에서 낸시 휴스턴의 글을 읽고 내가 피하고 싶던 것은 지침이 아니라 다른 것이었음을 알게 되었다.

 낸시 휴스턴은 '소설과 배꼽'이라는 글에서, 엄마 소설가의 경우 옳고 그름을 전달할 것을 요구받는다고 언급했다.[*] 그런

---

[*] 모이라 데이비 엮음, 〈낸시 휴스턴, 소설과 배꼽〉, 《분노와 애정》, 김하현 번역, 시대의창, 2020년, 295쪽

데 소설가의 미덕은 하고 싶은 말이 목구멍까지 차올라도 하지 않는 데 있다. 소설은 독자가 "도덕 근육"을 쓰도록 해야 한다. 무의미함과 추함을 스스로 직면해야 한다. 독자의 기대를 배신할 수도 있어야 한다. 판단은 독자에게 넘겨야 한다. 복잡한 문제를 더욱 복잡하게 보게 할 때 소설은 여운을 가진다.

그러나 휴스톤이 보기에, 엄마 소설가들은 망설였다. 엄마들은 아이들을 보호하고 위로하고 희망을 주기 위해 낙관적 세계관을 택해야 한다. 우울하고 비관적인 세계관을 보여주면 비판받는다. 꼭 세상의 요구가 아니어도 엄마들은 자식을 위해 선과 악을 구분하려고 한다.

엄마 정체성과 소설가 정체성이 섞여 버릴 때 소설은 훈계조로 변한다. 그래도 소설은 허구다. 올바르지 않은 캐릭터를 써도, '지어낸 거예요'라고 하면 그만이다. 에세이라면? 소설보다 난감하다. 에세이의 화자는 실존 인물이니까.

나도 엄마라는 역할에 요구되는 '도덕성'을 거부하고 싶었다. 아내도 마찬가지였다. 무해하고 따듯한 이야기를 써야 한다는 무언의 압박에 반항심이 있었다. 착하고 올바르게 맺는 글, '우리 가족은 행복하다' 같은 결론은 쓰고 싶지 않았다. 그래서 판단을 보류하는 전략을 택했다.

내가 비워둔 '이야기'에서 독자들은 애써서 '답'을 찾아냈다. 아니라면 반감을 갖기도 했다. 글쓴이가 구체적으로 펼쳐놓는 상황만으로는, 글에 신뢰를 가지지 못한다. 저자가 무엇을 말하려고 하는가 파악하기 어렵다. 그러나 대놓고 교훈을 늘어놓으면, 하품 나오는 글이 된다. 진부하거나 도덕적이지 않게 드러낼 방법이 있을까. 비열함을 폭로하면서도, 인격의 결함으로 평가받지 않을 방법, 지혜가 있지만 식상하지 않을 방법이 과연 있을까?

나 대신 나를 써줄 서술자

비비언 고닉은 《상황과 이야기》에서, 자전적 글에선 나를 폭로해 줄 또 다른 나를 창조하라고 했다. 자전적 글의 3요소인, 상황, 이야기에 이어 '서술자'를 다룰 차례이다.

소설에서는 등장인물이 저마다의 관점을 보여주며 입체성을 구축한다. 한명의 편파성을 다른 인물이 견제한다. 그러나 비소설, 즉 화자가 '나'인 글에서는 나의 관점에서 모든 것이 전개된다. 고닉의 말대로 "협업할 사람이 나밖에 없다."* 자

---

* 비비언 고닉, 《상황과 이야기》, 마농지, 이영아 번역, 2023년, 44쪽

첫하면 내 시선만 전달한다. 그러므로 비소설에서는 냉엄한 진실을 폭로해 주는 또 다른 목소리가 있어야 한다. 글 속의 화자는 할 수 없다. 상황 전체를 보고 있는 서술자가 필요하다. 또 다른 나, '페르소나'다.

페르소나, 서술자. 어려운 말이다. 내 식대로 번역하면, 자전적 글을 쓰려면 '세 명의 나'가 있어야 한다. 지금의 나, 과거의 나, 제3의 나. 제3의 나는 소설에서 전지적 작가 시점과도 같다. 사람과 사건들을 초연하게 조망하며 모든 걸 꿰뚫어 본다.

현실의 나는 다혈질이고 우울하고 편파적이다. '제3의 나'라는 서술자가 없을 때는 감정에 압도당해, 고스란히 토해낸다. 혼자 있는 밤, 스산하게 젖어드는 한기와 불안이 느껴질 때 '외롭다' '나는 패배자다'라고 써버리고 만다. 글은 축축하고 음침해진다. 아이러니하게도 글쓴이가 감정을 내뱉으면 독자는 그만큼 멀어진다. 개입할 틈이 없으니까. 글쓴이가 우울하고 외롭다고 발설해버린 이상, 독자의 역할은 둘 중 하나다. 우울감에 동조하거나, 아니거나. 읽는 사람은 판관이 된다.

그러나 제3의 나는, 다혈질이고 우울해하는 나를 '논평'할 줄 안다. '어휴~ 이 양반 또 욱하고 있네. 또, 남 탓하고 있구먼.' 그 서술자는 우울하고 다혈질적인 나를 재미있는 소재거리로 삼아준다. 때로는 논평하다 못해 조롱하기도 한다. 나보다 나를 더 깔보기도 한다. '나'가 그럴 듯한 명분으로 도망가지 못하게 잡아채 끝까지 밀어붙인다.

서술자는 외로움을 관찰한다. '너는 이걸 외로움이라고 부르고 싶구나. 징징거리고 싶구나. 사람들이 너를 봐주기 바라는구나.' 서술자는 불안정한 자아를 고백적인 어조에서 구해낸다. 대신 연구 대상으로 올려둔다.

균형감을 가진 서술자는 한쪽의 나만을 편들지 않는다. 그는 화자의 비겁함이나 자기 기만, 두려움을 폭로한다. 하지만 이 목소리는 감정 섞인 비난과는 구별된다. 서술과 분석이 담겨 있다.

비비언 고닉이 예로 든 에세이, 《코끼리를 쏘다》를 보자. 이 책에서 조지 오웰은 영국의 식민지인 버마에서 근무하는 경찰이다. 그는 버마인들에게 괴롭힘을 당했다. 승려들은 그를 모욕하고 조롱했다. 그는 영국 식민지에 저지르는 잔학한 짓거리를 경멸했지만, 자신을 조롱하는 버마인도 혐오했다. 조지 오웰은 그 양가감정을 다음과 같이 쓴다.

"나는 영국의 식민 지배가 무력한 민족들의 의지를 영원히 짓밟아버리는 난공불락의 폭정이라고 생각했다. 다른 한편으로는 승려의 배에 총검을 푹 찔러버리고 속이 다 시원할 것 같았다. 이런 감정은 제국주의의 정상적인 부산물이다. 인도에 사는 영국인 관리를 아무나 붙잡고 한번 물어보라. 비번인 관리를 찾을 수 있다면 말이다."*

고닉의 표현에 따르면, 이 글은 치밀어 오르는 울화와 혐오감을 억제하면서 고찰한다. 증오를 극도로 통제하고 있다. 조지 오웰은 어쩌면 성차별주의자이고 반공주의자였을 수 있다. 그러나 그가 창조해낸 서술자는 진실을 말하고, 품위를 보여주는 존재였다.

서술자는 글에서 누가 말하고 있는지 선명하게 밝혀준다. '나'를 '필자'라는 이름으로 숨기지 않고, 구질거리는 모습을 묘사하더라도 독자와 신뢰를 형성한다. 글 속의 나는 조지 오웰처럼 증오에 휩싸일 수 있다. 읽는 이가 만나는 건, 불안 속에서도 진실을 풀어내는 서술자의 담담한 목소리다.

조지 오웰도 아닌데 이런 글을 쓸 수 있을까. 어려운 일이

---

* 조지 오웰, 〈코끼리를 쏘다〉, 앞의 책에서 재인용

다. 고닉은 서술자를 만들어내는 데 30년씩 걸린다고 했다. 아니 에르노 역시 어린 시절에 보았던 충격적인 광경을 글로 쓰기까지 50년이 걸렸다. "6월 어느 일요일 정오가 지났을 무렵, 아버지는 어머니를 죽이려고 했다." 《부끄러움》을 시작하는 한 줄이다.

서술자를 만들어내려면 사건과 내가 가까이 붙어 있는 상태에선 어렵다. 마주하기 너무 고통스러울 땐 조망 자체가 불가능하다. 가까이에서 몸을 비비대는 게 달콤할 때도 마찬가지다. 이땐 글이 오글거린다. 평생의 사건을 위해서만 서술자를 등장시켜야 할까?. 나처럼 평범한 사람도 서술자를 만들어낼 수 있다. 졸저에서 예문을 가져와 봤다.

> 유저 인터페이스의 약자인 UI디자인이라는 말엔 디자인에서 전부처럼 여겨지던 예술적 감각과 스타일이 배제되고, 어딘지 모르게 과학처럼 느껴지는 정확성과 구조의 미학이 배어 있었다. 나는 '유저가 시스템이나 서비스를 이용하며 느끼는 총체적 경험'을 설계하고 구축한다는 UI디자인에 걷잡을 수 없는 흥미와 의욕을 느꼈다.
>
> 거짓말이다.

솔직히 UI디자인이 최첨단이고 뭐고 따질 여유 같은 건 없었다. 이 회사에 입사한 건 순전히 학자금을 갚을 연봉이 필요해서였다. 에이전시에서 받던 100만 원 남짓한 월급으로는 서울에서 월세를 내며 살 수 없었다. 그러나 S전자, L전자, L생활건강, 다 떨어졌다. 공모전 수상, 해외 연수, 대기업 인턴 경험 전혀 없음. 어쩌다 서류에서 통과해도 인적성에서 탈락했다. 기업이 원하는 뇌구조가 나에겐 없었다. 그러다 당시로서 파격적으로 스펙보다 실력을 보겠다고 선언한 지금의 S사에 증명사진을 누락해버렸는데도, 서류접수에 통과했다. 3천 자를 꽉꽉 채워야만 했던 자기소개서, 아니 자기소설서 쓰기에서 만 24년 인생경험을 박박 긁어 인사 담당자의 가슴을 울컥이게 할 스토리를 만들어냈다. 실무진과 임원면접에서는 회사의 인재상과 언론 보도 자료를 달달 외워 마치 이 회사에서 일하기 위해 태어난 사람인듯 흡족한 답변을 들려주었다.*

각광받던 분야를 지원한다는 자부심으로, 간판과 연봉에 대한 선망을 교묘히 가린 나를 고발했다. 대기업에 합격하기

---

* 신나리, 〈오늘의 BGM〉, 《이상하고 쓸모없고 행복한 열정》, 느린서재, 2023년, 223~225쪽

위해 무엇을 했나. 스스로를 어디까지 속일 수 있나. 폭로하고자 했다. 편집자와 친구들은 이 문단에서 깔깔거렸다고 했다.

서술자를 만들기 위해선, 내가 놓인 관계망을 인식해야 한다. 조지 오웰은 식민지 상황을 파악 못 하고 무지한 자신에게, 어떤 임무가 주어졌는지 알고 있었다. 백인, 영국인, 경찰이라는 역할을 자각하고 있었다. 비비언 고닉은 유난스러운 엄마와 다르지 않음을 깨달았다. 회고록인 《사나운 애착》엔, 미국인이자 유대인, 도시인, 이혼녀, 페미니스트이지만 남자와의 로맨스를 갈망하는 이성애자, 경제적으로 불안정한 글쟁이로서의 철저한 자각이 전체에서 베어 나온다.

글 속의 나는 상황을 알더라도 스스로 발설하지 못한다. 왜? 선택을 합리화하고 싶으니 말이다. 그러나 서술자는 직면하지 않으려 하는 나를, 다각도로 조망한다. 서술자, '강제 소환'이라도 해야할 판이다.

이 글을 구상할 땐 막연히 소설은 허구, 에세이는 사실이라는 점이 둘의 차이라고 보았다. 그다음으로 소설은 묘사적이고, 에세이는 설명적이라고 판단했다. 알고 보니 어느 글이건 묘사와 설명은 적절히 섞이는 게 맞았다. 세 번째로, 소설은 열린 결말이라면, 저자가 나름의 방향을 제시하는 것은 에세이라고 생각했다. 소설이건 에세이이건, 대놓고 결론을 내면 진부해져 버리긴 마찬가지였다.

자전적 글이라면, 소설이냐 에세이냐는 형식 자체가 중요한 건 아닐지도 모른다. 독서 에세이로 써야 할까, 소설로 써야 할까라는 고민은 틀렸다. 해야할 건, 구체적인 상황과 함께, 이야기를 입체적으로 고찰할 목소리를 찾는 일이었다. 진실을 외면하려고 해도 끈질기고 덤덤하게 발설해 줄 목소리 말이다. 글에 대한 평가는 여기에 있어야 했다.

처음 고민은 이랬다. '어떤 형식이 내 글에 어울리는가?' 이 글을 쓰며 바뀌었다. '글을 통해 진실을 전달했는가?'

(04) 쓰기 위해 읽는다

읽었다는 착각

글을 쓰려면 책을 많이 읽어야 한다고 한다. 하지만 이 말은 '무단횡단을 하면 위험합니다'라거나 '건강해지려면 운동을 하십시오'처럼, 하나마나한 소리라고 생각한다.

책 읽기와 글쓰기는 음악 감상과 악기 연주의 차이에 가깝다. 음악을 아무리 많이 들어도, 악기로 소리를 정확하고 아름답게 낼 순 없다. 악기는 전혀 다른 차원의 연습을 필요로 한다. 악기를 연주할 땐 음악을 분석하며 들어야 도움이 된다. 책도, 읽느냐보다 어떻게 읽느냐가 중요하다.

속독이냐 숙독이냐로 한정할 수 없다. 질문을 발견하고, 글감으로 확장하며, 평생을 파먹을 수 있는 탐구 주제를 뚫을,

실용적인 읽기를 해야 한다.

책을 읽는 방식은, 책을 읽고 나서 쓰게 되는 글의 방식과도 연결된다. 책을 읽고 쓰는 많은 글은 대개 아래의 유형으로 나뉜다.

인상평

말 그대로, 인상의 정도를 서술하는 독후감이다. '재미있었다, 흥미로웠다, 어려웠다, 공감되었다, 지루했다, 동의가 되지 않는다, 도움이 되었다, 유익했다'고 쓴다. 한 줄로만 쓰진 않는다. '어떤 부분이 재미있었다' 정도는 언급한다. 책을 읽고 나서 의견을 쓰는 쉬운 방법이지만, 두루뭉술하다. 책에서 무엇을 읽어냈는가는 알기 어렵다.

경험담

인상평 쓰기에서 구체적으로 발전한 형태다. 공감되는 문장을 발췌하고, 떠오른 경험을 적는다. 끌렸다는 건 이와 비슷한 경험이나 생각을 해봤기 때문일 텐데, 내용은 대체로 '나도 이랬다'가 된다. 저자와 공감대를 형성하면 반갑다. 하지만 글과 내 경험의 공통점이나 차이점만 찾으면, 메시지를 놓치고, 일부만 부각시킬 확률이 높다. 공감한 부분만 하이라이트 치고, 끝. '공감되지 않는다'는 한마디로, 책을 평가절하해 버리기도 한다.

요약문

줄거리를 나열하거나, 저자의 문장을 발췌해 짜맞춘다. 대학생 리포트 유형이다. 책의 내용을 숙지하기 위해 요약은 어느 정도 필요하다. 하지만 충실히 요약해도, 내용을 명료하게 기억하기란 어렵다. 책을 소개하기 위해서 쓴다면, 인터넷 서점의 출판사 서평에 이미 나와 있다. 원고를 10번 이상 읽었을 편집자의 소개보다 줄거리를 잘 쓸 확률은 희박하다. 공부용이 아니라면, 줄거리 요약처럼 읽는 사람을 지루하게 만드는 글도 없다.

유효한 방법이긴 하다. 나도 책을 읽고, 인상평, 경험담, 줄거리 요약을 많이 해왔다. 하지만 어디까지나 자료 정리나, 독서모임에서 토론을 위한 아이디어로만 사용한다. 서평이나 독후감으로 간주하지 않는다. 뭐가 '진짜' 서평이고 독후감이냐고 묻는다면? 글쓴이만의 관점이 담긴 글이다. 책이 나를 통과할 때, 나에게 어떤 일이 일어났는가를 써야 한다. 읽은 후 내게 일어난 변화를 담는다.*

  그런데 헷갈린다. 변화란 무엇인가. 책을 읽고 무엇을 깨달았는가 쓰려면 흔히 빠지는 버릇이 있다. 삶에 적용할 지점을 찾는다. 인상, 경험담, 줄거리 요약에서 벗어나긴 했는데, 책을 지침서로 읽어버린다. 나를 비롯한 많은 이들이, 아마도 이렇게 읽었을 것이다. 그건 어떤 읽기일까.

---

* 정희진, 〈프롤로그 – 나에게 책은〉, 《정희진처럼 읽기》, 교양인, 2014년, 19쪽 – "독서는 내 몸 전체가 책을 통과하는 것이다. (중략) 텍스트를 통과하기 전의 내가 있고, 통과한 후의 내가 있다. 그래서 간단히 말해 독후의 감이다."

책에서 정답을 찾는 사람들

사회학자 에바 일루즈는 《사랑은 왜 불안한가》에서, 세계적으로 베스트셀러가 된 SM 로맨스 소설 《그레이의 50가지 그림자》의 성공 요인을 분석했다. 이 소설은 연애에 해결책과 방향성을 제시했다. 여느 잘 팔리는 책처럼, '당신도 이 책에서 말하는 바를 삶에 적용해 보세요. 그러면 삶이 나아질 것입니다'라는 자기계발적 메시지를 줬다.

채찍질이 난무하는 사도마조히즘 소설에서 뭘 얻을지, 한국 사람으로선 선뜻 이해되지 않는다. 하지만 책은 여남관계에서 주체적이길 요구받는 현대 여성들에게, 강한 남자 판타지를 포기하지 않아도 된다는 기대감을 줬다. 미투운동 이후 모든 성적관계에선 '동의'가 필수다. 에바 일루즈는 이 변화가 얼핏 평등해 보이지만, 현실의 커플들에겐 협상이 피로하고, 이성애적 로맨스를 방해한다고 지적했다. 평등은 불편하고, 익숙한 불평등은 편안하다. 불평등은 권력 관계를 보호 관계로 바꿔준다. 역할 분담을 고민할 필요도 없다. 의존하면 그만이다. 여성들은 성평등이라는 정치적 올바름과, 보호받고 싶다는 갈망의 간극에서 혼란을 겪고 있었다.

《그레이의 50가지 그림자》는 일상에선 동등하게 밀고 당기기를 하는 두 사람이, 침실에선 복종과 지배라는 각본을 따르며, 차마 말할 수 없던 판타지를 실현해 내는 모습을 보여준다. 내면의 상처가 있던 남자가 여자의 사랑으로 회복된다는 전통 로맨스 서사를 복원한다. 에바 일루즈는 이 책을 "페미니즘의 주체성을 가부장제의 남성성과 결합시킨 기괴한 허위의식"을 보여준다고 비판했다.*

사람들은 상충되는 욕망, 그것이 기만적으로 보일지라도, 해소할 희망을 책에서 찾고자 했다. 《그레이의 50가지 그림자》의 성공 이후, 전세계적으로 급증한 SM 도구 소비량은, 그 바람을 증명한다.

---

* 에바 일루즈, 《사랑은 왜 불안한가》, 김희상 번역, 돌베개, 2014년, 86-87쪽

채찍과 복종의 서사에서 자기계발을 떠올리는 게 불편하다면, 다른 예로 옮겨보자. 에바 일루즈의 다른 책 《낭만적 유토피아 소비하기》는 중간계급의 이성애 커플의 친밀성 각본을 비판한다. 친밀성을 위해 자본주의 소비재를 이용하는 방식을 계층별로 분석했다. 중간계급일수록 장미 100송이의 요란한 이벤트가 아니라 카페에서의 대화에 만족했다.

일루즈는 '어떻게 하면 커플이 친밀해질까, 대화가 잘 통할까'를 고민하지 않았다. 사랑이 얼마나 자본주의와 붙어 있는가를 지적했다. 대화와 취향에 기반한 친밀성이, 학력과 문화자본과 같은 계급성에 바탕을 두고 있음을 보여줬다. 이 부분을 잘못 읽기가 쉽다. 중간계급의 대화 중심 관계를 질투하거나 동경하고, 내가 그들과 비슷한지 가늠하고, 어떻게 흉내낼지 고민한다. 그들을 따라해야 중간계급이라도 된다는 듯. 세미나에서 책을 처음 읽을 때, 내가 이랬다. 나처럼 부러워하며 읽은 사람? 지금의 나는, 그 책에서 배우자와 나의 계급성을 본다. 그 간극이 우리를 얼마나 벌려놓았는지도 알게 됐다.

내 책도 원치 않게 정답을 주는 방식으로 읽히고 말았던 적이 있다. 결혼 생활에서 집안일을 나누려면, 청결한 사람 기준에선 하향평준화가 될 수밖에 없다고 자조적으로 썼다.* 집안일은 회사일이 아니므로, 높은 수준보다 꾸준히 유지할 수준을 찾자는 의미를, 아이러니하게 표현했다. 협상이 불가피한 현실을 비꼬고 싶었다. 그런데 '하향평준화를 해야 한다, 그것만이 평등한 방법이다'는 식의 후기를 접하고, 어디서 어긋났는지 한참 되짚어보았다.

모든 읽기는 오독이다. 오독 자체보다, 책에서 답을 찾을수록, 좁게 읽는다는 점을 지적하고 싶다. 10년 가까이 세미나와 독서모임을 해오며 겪었다. 동의하는 내용에만 밑줄 친다. 나와 다른 가치관이나 의견이 등장하면, 반감을 가진다. 이해가 되지 않는 구절이 나오면 화낸다. 저자의 말을 다 따라해야 할 것처럼 읽고, 못하겠으면 저자를 미워하거나, 자책하며 조바심 내기도 한다. 명확한 지침이 없으면, '도대체 뭐라는 거야?'라고 반문한다. 반대로 대안이 제시되면, 현실가능성을 물고 늘어지며 비판한다.

책에서 실마리를 쥐겠다는 마음과 메시지로부터 나를 방

---

* 신나리, 〈부부싸움을 줄이고 싶다면 물건부터 줄이세요〉, 《여자, 아내, 엄마, 지금 트러블을 일으키다》, 싱크스마트, 2021년, 137쪽

어하겠다는 마음은, 경험상 동전의 양면처럼 붙어 있다. 책이란 모름지기 가르침을 줘야 한다는 태도에서 나온다. 그 배움에 관해 되묻고 싶다. '이렇게 하면 당신의 삶이 달라질 것입니다'라는 해법을 얻고, 변화에 대한 희망을 갖는 것이 변화일까? 앞으로 무엇을 해야겠다고 다짐하는 글이 독후감일까?

 시간을 내 읽었고, 그 책에서 얻은 것으로 글을 쓴다면, 최대한 엑기스를 뽑아내야 한다. 하지만 답안을 쥐고 쓰면, 책이 던지는 복잡한 맥락을 놓친다. 답 찾기는 잠시 접어두자. 책을 읽고 뭔가 알려고 하지만, 아무것도 모르게 된 기분일 때, 그 순간부터 읽기는 다시 시작된다.

모르는 문장으로부터

"모르는 말이 나오면 환호해야 해요."

한국인보다 한국어를 유창하게 구사하던 유튜브 영어 강사, '런던샘'의 말이었다. 그는 공부하다 모르는 숙어나 단어가 나오면 기뻐하라고 했다. 뒤통수를 맞은 듯했다. 이전까지, 낯선 어휘가 보일 때마다, '또 외워야 해?'라며 툴툴거렸는데, 모르는 걸 만나면 좋아해야 한다니. 쓰고 보니 당연하다. 영어 공부를 하는 이유는 표현과 단어를 늘리기 위해서인데, 모르는 게 나오면 싫어했다니.

이런 상식이 책을 읽고 쓰는 글에선 뒤집힌다. 아는 내용으로만 쓴다. 이해가 된 내용으로 글까지 써야 할까? 이전 글에서 공감되진 않지만 신경 쓰이는 문장을 씨앗으로 삼아보자고 했다. 이번엔 확장해 보자. '알 듯 말 듯한 것'에서 시작하는 글쓰기다.

생전 처음 접하는 정보는 둘 중 하나다. 첫 번째, 시야에 들어오지 않는다. 모른다는 것도 모른다. 두 번째, '그런가 보다'라고 받아들인다. '이해가 되지 않는다'까지 가지도 못한다.

모른다의 경계로 들어올 때는, 내 지식과 책이 충돌할 때다. 시선이 붙잡힌다. '맞아, 맞아' 하기보다 '무슨 말이지?' 하고 곰곰이 읽는다. '정말 그런가?'라고 갸웃하게 된다. 아예 모르면 넘어가겠는데, 완전히 모르지도 않지만 동의가 시원하게 되지도 않으니 마음이 불편해진다. 이때 환호해야 한다. 여기가 시작점이다.

다나카 미쓰의 《생명의 여자들에게 엉망인 여성해방론》으로 예를 들어보겠다. 1970년대 일본에서 우먼리브운동을 주도했던 그는, 좌익운동이나 여성해방운동을 할 때, 우리 안에 '꿀 빨고 싶은 마음'이 있음을 지적했다. 그가 보기에 좌파 남성들은 사회운동에, 페미니스트 여성들은 혁명가 남성에게, 자아를 의탁하고 있었다. 다나카 미쓰는 그런 의탁의 욕망을 날카롭게 지적, 나약함이나 "엉망"인 상태를 그냥 마주하자고 썼다. 다음은 그의 생각이 전면에 나타난 문장이다.

> "나 자신의 어둠을 고집하면서도 그 공유할 수 없는 어둠 가운데에 있는, 공유할 수 없는 만큼의 무게로 '공유할 수 없다'라는 사실을, 끝까지 짊어지고 살 수는 있다. '나는 나'라는 말은 그런 뜻이다. 나의 어둠과 타인의 어둠 즉 내가 살아가는 모습과 타인이 살아가는 모습이 경합하는 가운데 '우리의 내일'에 빛이 싹튼다."*

이 문장이 중요하다는 건 직감했지만 처음엔 와닿지 않았다. 어둠을 고집하라니. 심지어 공유할 수 없음까지 받아들이라니. 내면의 어두운 부분을 파헤치라는 말처럼 들려 거부감부터 일었다. "경합하는 가운데 빛이 싹튼다"는 말까지 읽자 골치가 아팠다. '에이, 꼬아놨네. 일본어 번역체라 이런가?'라며 덮고 싶어진다. 그러나 이 구절에 시선이 머문 이유는 내 안의 무언가 건들어져서다.

책을 두세 번 다시 읽었다. '어둠은 공유할 수 없다'는 말을

---

* 다나카 미쓰, 〈5장. 신좌익과 여성해방〉, 《생명의 여자들에게 엉망인 여성해방론》, 조승미 번역, 두번째 테제, 2019년, 254쪽

입 안에서 굴렸다. 문득 알았다. 어둠이란 다름 아닌, 나의 엉망이었다. 그 엉망은 체제를 비판하면서도 그 안에서 단물을 빨고 싶어하는 욕망과, 그것을 부정하고 싶은 마음이 함께하는 상태였다.

다나카 미쓰는 '인간이란 원래 그러니 인정하고 살자', '언행일치를 이루자'고 하지 않았다. 체제의 균열 속에 고통을 느낄 때야말로, 체제의 비루함을 알 수 있는 증명이었다. 그건 가능성이기도 했다.

반면 모순과 어둠이 다른 이에게 쉽게 전가될 수 있다고 믿는 태도는, 회피였다. 현실을 직시하지 않고 누군가 해결해 주길 바랄 때, 대의적 목표에 편승하며 누군가의 어둠을 내 것으로 삼아버릴 때, 내모습은 외면한다. 그래서 다나카는 어둠을, 어긋남을, '무엇을 할 수 있는가'를 찾는 출발점으로 보았다. 내 안에 응축된 빛이다.

여기에서 다나카가 말한 걸 답으로 가져오면 쓸 거리가 얄팍해진다. 왜 엉망을 긍정해야 하는가부터 파고든다.

평소 내 생각과 다른 의견이 책에 나오면 거부감이 인다. 거부감이 생기는데 속 시원히 반박할 수 없을 때, 언짢아진다. 내가 움켜쥐고 있던 가치와 충돌하기 때문이다. 내 기준을 흔드는 개념들일수록 마찰이 생긴다.

페미니즘 공부를 하며 '성차sexual difference'라는 개념이 거슬렸던 것도 그 이유였다. 남자와 여자의 차이를 본질론적으로 부각시키는 듯 느껴졌다. 로지 브라이도티처럼 성차를 급진적으로 전개한 철학자의 책은 일부러 피했다. '여자와 남자는 원래 달라요. 그러니까 차이를 인정합시다'라고 말할 것만 같았다. (얼마나 어처구니없는 오해였나.)

나는 '차이의 인정'을 불평등한 구도를 수용하라는 말처럼 받아들이고 있었다. 알고 보니 '성차'는 사회가 규정한 남성성과 여성성의 이분법을 해체하고, 자신의 신체에서 시작되는 차이로 존재를 말하는 개념이었다.* '성차'라는 개념에 찔린 이유. 그만큼 남자와 여자의 이분법에 기반한 페미니즘에 동의해 왔기 때문이다. 내가 누리는 혜택을 포기하고 싶지 않아서였다.

언젠가부터 '일'에 관한 태도가 거슬렸다. 20년째 같은 분야에서 일했다. 개인의 역량만 강조하는 세계에서, 어떤 책은 워라밸(일과 삶의 균형)을 외치며 소확행을 말했다. 또 다른 책들은 일과 혼연일체가 되어 진심을 다하자고 했다.

---

* 김은주, 〈2장. 되기와 페미니즘〉 참고, 《여성-되기 들뢰즈의 행동학과 페미니즘》, 에디투스, 2019년

어디에도 내가 느낀 어긋남은 없었다. 일로부터 나를 지키고 싶다. 삶이 일에 잠식되지 않길 원한다. 보상없이 헌신하고 싶지 않다. 그러나 일하는 동안엔 잘하고 싶다. 추구하는 건 성과도 인정도 경력과도 다르다. 그저 완성도를 포기하고 싶지 않다. 이런 불일치는 현재의 담론으로 설명되지 않았다. 이걸 언어화할 수 있을까.

글쓰기와 책읽기는, 말을 찾지 못한 경험을 속속들이 파헤치는 작업에 가깝다. 제도로 조직된 영역과, 제도에서 아슬아슬하게 비켜나 있는 경계가 탐구의 시작이다. 말은 없지만 이미 있는 것, 보이지 않아 없는 줄 알았지만 몸으로 이미 겪는 무엇.
　말의 바깥을 더듬어간다. 삐질삐질 나올 언어를 기다리며.

다른 세계로 침투당하는 독서

내가 생각하는 좋은 책이란? 올바른 척하지 않는다. 저자의 계급, 성격, 성향, 취향 등이 삐죽삐죽 드러난다. 훌륭하고, 행복해 보이는 삶을 답으로 정하거나, 비평가적 시선을 유지하는 책은 대충 읽고 덮는다. 두 번, 세 번 펼쳐보는 책은 저자의 세계관이 나와 다르지만 매혹적일 때다.

이런 책일수록 독자와 부딪힌다. 앞서 언급했듯 거리두기가 발동한다. 가진 걸 누리고 싶은데, 특권이나 회피하는 면을 보여주니 그렇다. 껄끄러운 책을 왜 읽어야 할까? 공감과 위로만 받고 싶은데.

그 이물감이, 경계 밖으로 나를 한 발 옮기게 한다. 저자의 세계관을 완전히 파악하기란 불가능하다. '이 사람이 사는 세계는 뭘까?'라는 궁금증을 끈질기게 밀고 나가면, 동의와 비동의를 넘어서 그 책이 보여주는 세계를 이해하게 된다. 그때부터 책은 나라는 사람을 지운다. 내 세계는 침범당한다. 공고하다고 믿어온 정체성에 실금이 간다. 별 생각없이 수행해 오던 일상에 작은 얼룩이 스며든다. 전부라고 알던 세계에서 다른 세계로 떠밀린다.

이쯤에서 물음이 생긴다. "책은 비판적으로 읽어야 한다면서요?"

비판이 뭘까. 철학자 김영민은 《적은 생활, 작은 철학, 낮은 공부》에서 다음과 같이 썼다. "인문사회과학을 한다는 것은 비판적 사고를 종교처럼 신앙"하는 것이며, "똑똑하다고 생각하는 치들은 까탈스레 독표창을 날릴 만반의 준비를 갖춘다"라고. 이른바 '대학원생 콤플렉스'다.*

'비판'이란 단어는 오용되고 있다. 쟁점 없이, 동의하지 못하는 부분만 언급하며 '비판적 읽기'라고 한다. 우에노 지즈코

---

* 김영민, 〈비판은 사유하지 않는다〉, 《적은 생활, 작은 철학, 낮은 공부》, 늘봄, 2012년, 136쪽

도 비판은 '꼬투리 잡기'가 아니라고 했다. '비판적'이란 선행 연구에 존재하지 않는 걸 발견하는 힘이다. 그건 나의 가설이 있어야 가능하다. 문헌에서 해결되지 않은 부분이 '비판'의 대상이 된다.

논문에만 적용되지 않는다. 모든 창작물을 접할 때 해당된다. 비판은 단순한 불호가 아니라, 작품 속으로 깊이 파고드는 애정에 기반해야 한다. 작품이 던지는 질문과 얼마나 맞닿아 있느냐에 있다. 창작물을 비평해 보면 안다. 누군가의 작품을 평가하려면 자신의 취향, 주장을 일단 내려두고, 메시지가 잘 전달되고 있는지, 뭘 말하고자 하는가를 봐야 한다는 것을.

비판적 읽기가 아닌 다른 방법은 없을까. '회절diffraction' 개념을 신유물론 철학을 통해 처음 접했다. 이 단어를 접했을 때 눈이 번쩍했다. '회절'은 물리학 개념으로, 파동이 장애물을 만나 휘거나 번져나가는 현상이다. 연못에 던진 돌이 만드는 물결을 떠올리면 된다.

신유물론 철학자이자 물리학자인 캐런 바라드는 회절이 모든 물질에서 일어난다는 점에 착안해, '삶의 방식'으로 확장했다.* 이전까지 세계는 원본과 얼마나 유사하냐를 두고 대상을 판가름해왔다. 대립과 이분법이 전제였다. 회절은 이분법을 깬다. 너와 나 역시 분리되어 있지 않다. 상호작용과는 차이가 있다. 서로에게 끊임없이 침투해서 존재의 성질을 교란하고 바꿔낸다. 무슨 말일까. 뇌가 정지하는 것 같다. 텍스트가 들어와 나를 흔드는 일쯤으로 이해해도 될까. 철학이나 물리학의 개념이 아닌 '비판적 읽기'의 다른 방법이라고 적용해 보면, 조금은 알 것 같기도 하다.

캐런 바라드는 지적했다. "비판은 너무도 쉽게 남용"된다고. 내멋대로 풀어보자면 이렇다. 회절적 독해란 무엇이 배제되었는가 눈에 불을 켜고 찾아내는 읽기가 아니라, 텍스트의 잠재된 의미를 적극적으로 캐내고 확장하며 차이를 발견하는 읽기라고.

회절적 방법론이란 세부 내용의 섬세한 결을 들추어내는 독해다. 비판을 대신한다고 볼 수만 없다. 그 안에서 새로운 사유가 발생한다.** 회절적 독해는 텍스트가 어디로 뻗어갈

---

* 릭 돌피언, 이리스 반 데어 튠, 〈3장. 카렌 바라드와의 인터뷰〉 참고, 《신유물론 – 인터뷰와 지도제작》, 박준영 번역, 교유서가, 2021년
** 박신현, 〈03. 회절〉 참고, 《캐런 바라드》, 커뮤니케이션북스, 2023년, 31쪽

수 있을지 미리 규정하지 않는다. 물체를 만났을 때 예상하지 못하게 번져나가 주변까지 교란시켜버리는 파동처럼, 텍스트가 일으키는 '효과'에 주목한다. 그 효과는 텍스트가 의도한 것에선 벗어날 수도 있다. 하지만 나를 이동시킨다.

글을 쓰는 동안, 알았다. 내가 더듬던 방식도 회절과 닿아 있었다. 텍스트에서 나와 나에게 침투해 들어온 것들. 그것이 이 책에 있다.

신유물론 페미니스트들은 《제2의 성》를 재독해한다. 여성 신체를 폄하했다거나 남성적 초월성을 강조했다는 익숙한 비판의 프레임을 반복하지 않는다. 대신 보부아르가 스치듯 언급한 말에서, 숨겨진 맥락을 끄집어냈다.

월경 이전의 신체, 아직 여성이 되지 않은 소녀의 몸. 그 몸은 '여성'이라는 규범적 명명으로 설명되지 않는다. 여성은 사회 규범을 무작정 받아들이는 존재가 아니라, 스스로 해석해 수행한다. 보부아르는 여성이 만들어진 존재임을 밝혔지만, 고정하지 않았다. 신유물론자들은 그의 문장에서 규범 이전의 잠재성을 감지했다. 규범 이전의 잠재성을 따라가려 했다. 자연화된 여성이 아닌, 언제나 '되기becoming' 상태의 존재.*

---

* 릭 돌피언, 이리스 반 데어 튠, 〈7장. 성적 차이화〉 참고, 《신유물 -인터뷰와 지도제작》, 210~213쪽

이 부분을 완전히 이해하진 못했다. 그러나 이건 안다. 보부아르는 여성을 고정한 게 아니라, 흔들었다. 나는 거기에 침투당했다.

이런 읽기는, 무엇이 배제되어 있는가 지적하기보다, 텍스트에서 새로운 길을 낸다. 저자를 '이런 배경에서 이런 말밖에 못하는 사람'이라고 규정하지 않는다. 오히려 '당신도 이런 점이 있지 않았나요?'라고 묻는다. 독자가 저자를 새로운 지평으로 옮긴다. 모든 저자가 은근히 기다리는 독해일지도. 이런 방식으로 책을 읽을 때면, 만난 적 없는 저자와 은밀히 교통하고 있다는 기분이 든다.

이 모든 방법은 언제나 가장 취약한 부분에서 시작한다. 누가 물어보면 우물쭈물하게 되는 단락부터 공략한다. 잘 아는 것만으로 글을 써야 한다면, 밑천은 곧 바닥난다. 그러나 몰랐던 것에서 출발하면, 지침이나 해법이 아닌 다른 방향을 독자에게 던질 수 있다. 작은 파동이 번진다.

05

생생한 글엔 이유가 있다

자료조사는 감각을 깨운다

'글이 생생하다, 맛깔난다, 쫀득하다, 리듬이 있다, 현장에 같이 선 느낌이다.'

몇 년 전부터 이런 말을 들었다. 기분은 좋지만 난처했는데, 정작 스스로 그렇다고 느껴본 적이 없어서다. 감정이나 배경을 부서질 듯 섬세하게 묘사하는 문장을 보면, 내 글은 왜 이토록 거친가 싶어, 읽기 싫을 정도로 질투가 났다.

사람들이 묻는 건, '아름다운 표현'의 비법은 아니었다. 생생함은 유려함이나 섬세함과는 다르다. 문장력보다는 글이 전달하는 분위기, 표현 방식에 가깝다. 독자가 생생하다고 느끼는 이유. 내가 아는 방법을 써보려고 한다.

《이상하고 쓸모없고 행복한 열정》은 10대부터 40대까지의 경험담 10편을, 단편소설처럼 써서 엮었다. 한 시기의 사건을 부각해 자세하게 묘사했다. 읽은 사람들은 어떻게 오래전의 기억을 눈앞에 그리듯이 생생하게 표현했냐고 물었다.

기억력이 끔찍하게 나쁘다. 인명, 지명, 용어, 시간. 모조리 잊어버린다. 그런 마당에 세세하게 기억해 썼을 리 없다.

과거를 묘사하는 힘은 기억력에서 오지 않고 자료 조사에서 온다. 싱거운 대답이지만 이것밖에 없다. 감각과 기억을 온몸으로 품고 살다가, 기회가 되어 분수처럼 분출했다고 하면 멋지겠지만 그렇지 않았다. 나는 사연 많은 인간이 아니다.

'싸이월드라는 회사', "도를 아십니까"라고 묻는 증산도를 따라가 봤던 일'을 쓰겠다 결정하면, 쥐잡듯이 자료를 뒤졌다. '앙코르와트에서 스치듯 만난 일본 남자' 같은, 허술한 기억만 단서로 주어진 상태에서, 공백을 메우는 건 상상력만으론 부족하다.

구글어스 위성 사진으로 앙코르와트 유적군을 꼼꼼히 훑어봤다. 시엠립 시내에서 유적지까지 몇 km였는지 측정해 보고, 사원 입구의 위치, 해가 기우는 방향도 확인했다. 당연히 다른 이들의 여행기도 읽어보고, 물안개가 피어오르는 사진을 수십 개 찾아봤다. 할머니를 쓸 땐, 6·25전쟁 당시 전라도 일대에서 벌어진 양민 학살 기록을 검토했다. 5~60년대 한국 단편 소설들을 빌려와 읽었다. 몸뻬바지라고 불리던 의복의 기원도 찾아봤다. 아빠에게 전래 동화 같은 전언을 들으며 '구술 생애담'을 기록했다. 《나니아 연대기》 중 '사자와 마녀와 옷장' 편도* 다시 읽었다. 〈매그놀리아〉**와 〈매트릭스〉***를 2번 이상 보며 대사를 받아 적었다. 증산도의 제례 의식을 쓴 논문에서 용어들을 찾아 메모했다. 졸업한 학교에 20년만에 찾아갔다. 특정 사건에선, 당사자와 연락을 했다.

싸이월드에서 일한 경험을 되살릴 땐, 10년 만에 외장하드를 꺼내 업무보고와 신입 시절 발표 자료를 열었다. 검색어를 수십 개 조합해, 구글에서 50페이지 넘게 뒤졌다. 직원의 30%가 상장 즉시 스톡옵션을 매도했다는 걸 알아냈을 때의 쾌거란! BGM과 캐릭터를 매치할 땐, 2000년 대 중반 유행가 50개 정도를 선별해 제목을 분석, 책의 문장으로 넣을 구절을 골라냈다.

---

* C. S. 루이스, 《사자와 마녀와 옷장》, 햇살과나무꾼 옮김, 시공주니어, 2018년
** 폴 토머스 앤더슨, 〈매그놀리아〉, 1999년
*** 라나 워쇼스키, 릴리 워쇼스키, 〈매트릭스〉, 1999년

"우리는, 그리고 나는, 회사원이라는 공적인 정체성에서 차마 말하지 못했던 '숨겨왔던 나의 수줍은 마음 모두'(클래지콰이 'She is')를 BGM으로 내보였다." (Feat. 마성의 알렉스)*

거창해 보이지만 이 작업은 소설가들이 글을 쓰며 당연하게 하는 일이다. 그들의 작업기를 읽다 보면 소설이 상상의 산물이란 편견이 깨진다. 머릿속 어휘엔 한계가 있다. 자료가 구체적일수록 표현은 생생해진다. 자료만으로 읽히는 글을 쓸 순 없다. 정확한 단어를 찾는 데 도움이 되지만, 감각을 일으키는 표현으로 연결되려면 다른 작업이 필요하다. 앞의 조사가 이성의 영역이라면 감성을 위한 작업을 할 차례다.

장소와 사건에 어울리는 정서를 잡아야 한다. 감정에 취해 문장이 술술 나오면 좋지만, 즉흥 연기엔 능하지 않다. 처음부터 무대 세트 만들 듯 설정한다. 시공간 속으로 순간 이동하듯이 진입해야 하는데, 어렵다. 이럴 땐 의도적 장치가 동원된다. 《이상하고 쓸모없고 행복한 열정》에선 장치가 음악이었다.

음악은 곧장 나를 다른 세계로 이동시켰다. 내 몸을 특정한

---

* "이 곡은 드라마 〈내 이름은 김삼순〉의 OST로 유명했으나 이후 브로맨스 패러디 밈의 대표곡으로도 활용되었다."

감각으로 휩싸이게 했다. 그때 몸에 들러붙었던 감촉, 소리, 냄새까지 떠오른다. 이동 장치로써 음악이 잘 찾아지면, 디테일은 허술해도 스토리는 쭉 써졌고, 음악을 못 찾을 때면 한없이 헤맸다. 아무것도 떠오르지 않는 날엔 몇날 며칠 음악만 듣기도 했다.

아니 에르노는 기억이 감각을 떠오르게 하는게 아니라, 감각이 기억을 추억한다고 했다. "벌거벗은 상태의 감각"까지 도달하기 위해 "실제로 보고 있다고 착각할 정도로 끊임없이 되새"겼다. 그의 글에서도 대중가요는 빠지지 않는다. 노래는 삶의 어느 순간을 가로질렀던 감각을 복원시킨다.*

앙코르와트 여행기를 쓰면서 들었던 음악은 'In my place'였다. 20대 초반, 배낭 여행을 할 때마다 〈콜드 플레이〉의 초창기 곡을 mp3 플레이어에 넣어 다녔다. 지금도 그 음악을 들으면, 낯선 장소에 덩그러니 있을 때의 감정이 화르르 일어난다. 쓸쓸하지만 얽매이지 않던 이방인의 느낌이 되살아난다. 그 느낌을 보내지 말고 포착해야 한다. 음악을 수십 번씩 들으며 여행기 전반의 정서를 잡아갔다. 몸은 들떠 있는 채 써 내려간

---

* 아니 에르노, 프레데리크 이브 자네, 《칼 같은 글쓰기》, 최애영 번역, 문학동네, 2005년, 54~56쪽

다. 짧게는 일주일, 길게는 2~3주. 각성 상태가 유지된다.

감각은 기억을 부르고, 비슷한 기억이 줄줄이 엮어진다. 적산가옥의 마루를 밟을 때 나던 삐걱거리던 소리, 오래된 목조 건물에서 풍기던 퀴퀴한 냄새를 상상할 수 있는 건, 어딘가에서 비슷한 감각을 느꼈기 때문이다. 아열대 지방의 해 질 녘 풍경을 묘사할 수 있는 건, 산 위에서 바라보았던 서산 평야의 이글거리는 태양에 압도당한 경험이 있어서다.

출동된 감각을 하나씩 떼어내 단어로, 문장으로 끊어 쓴다. 5분, 어떨 땐 1분, 때론 초 단위로. 후각, 시각, 촉각, 청각을 골고루 음미하며 써내려간다.

'학생회관 동아리 방 문을 열고 들어가자, 선배들이 영화를 보고 있었다'라고 쓸 수 있던 문장은 아래와 같이 바뀌었다.

"식당에서는 돈가스를 튀기는지 끈적거리는 기름기와 시큼한 김치 냄새가 가득했다.(후각) 건물의 3층까지 터벅터벅 걸어 올라가면(청각) 음침한 조명이(시각) 비추는 복도가 이어졌다. 복도의 맨 끝, 빠끔하게(시각) 문이 열린 방을 향해 걸어갔다. 문틈 사이로(시각) 나지막하게 읊조리는 영어가 웅얼웅얼 새어 나왔다.(청각) 이어 두두두두두 하며 총소리가 들렸다.(청각) 문을 열자 퀴퀴 한 소주 냄새와 매캐한 담배 연기가(후각) 얼굴 가득히 달라붙었다.(촉각) 발치로 굴러온 참이슬 병을 툭 차서(촉각) 벽 쪽으로 보냈다."

나는 아무개로소이다

평소에도 공간의 온도, 소리, 빛을 민감하게 받아들인다. 스스로를 풍경 속의 대상처럼, '새삼 낯설게' 뜯어보곤 한다. 이것의 전제는 '나를 잊는 것.' 추상적인 말인데 별것 없다. 나를 하나의 데이터로 대한다.

첫 책, 《엄마 되기의 민낯》에서부터였다. 인터뷰에서 엄마 되기를 증언하고 싶었다고 말한 적이 있다. 표현은 거창하지만 이유는 대단하지 않았다. '이 시대를 살아가는 한 개인의 증언'이라는 말도 지나치게 멋을 부렸다. 페미니즘 운동의 슬로건이었던, '개인적인 것이 정치적이다'라는 말도 나에겐 과잉이었다.

우연히 태어났고 죽으면 완전히 잊힐 티끌 같은 존재로서, 내 이름이 아니라 보고 듣고 겪은 기록을 남기고 싶었다. 나만의 기록이 아니라 사료에 한 줄 쓰일 법한 자료였다. '경기도 한 도시에서 2세 여아를 키우는 신모 씨의 하루.' 다른 누가 해주지 않으니, 직접 내 일상을 르포처럼 썼다.

대부분의 글에 등장하는 '나'는 내가 아니어도 상관없었다. 모든 에피소드의 주인공은 홍길동이어도 된다. 화자로 가장 만만한 나, 신나리가 당첨된 것뿐이었다. 글을 쓸 때마다 그 '아무개'는 여러 버전으로 등장한다.

경험한 일만 써서 독보적인 영역을 구축한 작가로 아니 에르노가 있다. 그의 글은 보통의 회고록이나 자서전과는 전혀 다른 구성과 문체를 지닌다. 흔히 빠질 수 있는, '나는 이런 사람'이라는 나르시스적인 면이 없다.* '내가 한때 이랬지'라는 독백도 없다. 그는 내밀한 계급성이나 성적 경험을 임상적인 자세로 정밀히 해부했다. 신문기사 같은 나열식 구성과 건조한 문체를 취했다. 에르노는 대담에서 떠오른 생각을 하나의

---

* 아니 에르노, 로즈마리 라그라브, 〈대화를 이어가기 -폴 파스칼리〉, 《아니 에르노의 말》, 윤진 번역, 마음산책, 2023년

'사물'로서 바라본다고 했다.* 유일무이하며 독특한 존재로 생각하지 않았다. 글을 쓰며 자신과의 극단적 거리두기를 통해 존재감을 상실했다. 내밀한 것을 쓰지만 두려움을 느낀 적이 단 한 번도 없었다고 했다.** 그래서일까. 그의 문장에는 아름다운 어조도 없고, 누구나 겪을 수 있는 평범한 사건임에도, 낯선 감각을 깨운다. 우리가 그만큼 자신을 거리두며 바라보는 일이 드물기 때문일 거다.

나를 대상으로 관찰하며 쓴다는 건 무엇일까. 그건 경험에 부여한 특권을 버리는 일에 가깝다. 현재의 평가와 판단이 아닌, 당시의 나를, 당시의 시선에서 바라보는 것이다.

> "수업 시간엔 소설책을 교과서 밑에 숨기고 읽었고, 야자 시간엔 음악만 들었고, 집에서는 도서관에서 빌려온 책을 읽거나 비디오를 보며 지냈다. 입시 교육으로부터 나를 방어하는 방법이었다. 세상과 나를 구별 짓는 방법이기도 했다. 특별함이라곤 없는 아이가 자신의 특별함을 만들어내는 방법이었다. 해맑고 즐겁기만 하면 왠지 생각이 없어 보였던 열일곱 살, 어떤 깊이를 추구해

---

* 아니 에르노, 로즈마리 라그라브, 《아니 에르노의 말》, 윤진 번역, 마음산책, 2023년, 86쪽
** 아니 에르노, 프레데리크 이브 자네, 《칼 같은 글쓰기》, 최애영 번역, 문학동네, 2005년, 57쪽

야 하는지 몰라도 음악을 듣고 소설을 읽는다면 어쨌건 평범해지진 않을 거라고 믿었다."

<너의 목소리가 들려>의 한 문단이다.* 이 글은 전체가 멀찍이서 화자를 관찰하는 톤을 유지하며 90년대 말 교실 분위기를 훑고 지나간다. 많은 이들이 공감하며 자기 경험과 닮았다고 말했던 건, 삐삐나 PC통신, 라디오라는 소재가 나와서만은 아닐 거다. 락 음악이 글 전체에서 비중 있게 다뤄지기 때문에, 보편적인 공감대를 형성하긴 어렵다. 그런데 90년대 말, 야간자율학습이나 PC통신, 아이돌 덕질 경험이 없던 사람이라도 정황에 공감하며 읽는 경우가 많았다.

화자를 신나리라는 독특한 개인으로 그리지 않았고, 어느 교실 한구석에 있을 법한 열일곱 살 고등학생처럼 그렸다. 이 고등학생은 취향이 확고하다. 그러나 그것 역시 '이 정도로 특별해'가 아니라, '자신을 특별하다고 여기고 싶어 하는 고딩 한 명'을 흥미롭게 관찰하는 시선으로 썼다.

40대가 되어 바라보는 감정과는 다르다. 느끼고 싶어했던

---

* 신나리, <너의 목소리가 들려>, 《이상하고 쓸모없고 행복한 열정》, 느린서재, 2023년, 54쪽

특별함을 부끄러워하거나 유치하다고 평가하지 않았다. 그 시절의 정황과 톤을 통해 독자의 정서를 기억에서 끌어내려 했다. 그런 서술 방식 때문에 읽는 이들이 이 글에 자신을 집어넣을 수 있었다고 추측해 본다.

나를 언제든 대체될 수 있는 화자로 생각하면 과감할 수 있다. 치부를 까발릴 수 있다. 악평을 받으면 상처를 받지만, 글쓰기를 그만둘 정도로 다치지 않는 건 이 덕이 크다.

어떤 일을 나의 고유한 서사처럼 여기면(이것 역시 일종의 허구라고 보는데), 검열이 세게 작동한다. 나만의 사연이라고 믿는 이유는 뭘까. 경험을 허심탄회하게 나누는 공간이 부족하다. '너도 그래? 나도 그런데'라는 걸 알 기회가 없다. 수치심의 한구석엔 좋은 사람으로 보이고 싶다는 자의식도 있다. 남들과 다르고 싶다는 마음이다.

까놓고 말해 보면, 나보다 더한 사람도 있고, 신줏단지 모시듯 한 걸 누구는 헌신짝처럼 버린다는 것도 알게 된다. 신념처럼 받들어 온 가치관이, 이 사회에서 살아가는 누구나 한 번쯤 생각하는 흔해 빠진 것일 수 있다. 나에게만 좋다고 한 줄 알았는데, 알고 보니 이미 10명이 받은 고백처럼. 심지어 한 사람의 진심도 아니고 이미 쓰여 있던 각본을 외워 말한 것에 불과하다면….

보통은 이를 통해 자아를 깨고 나온다. '내가 별거 아니라는 자각'. 고통이나 상처, 추억이 엄청 특별한 무엇이라고 여기지 않으면, 서사에 덕지덕지 들러붙은 과잉된 의미는 시시해지고 쪼그라든다. 그래도 경험은 증발하지 않는다.

에르노는 내면에 집중하지 않을 때만, '나'가 보편성에 이르기 더 쉽다고 말했다. 특별해서가 아니라 담백하게 바라볼 때, 오히려 나만의 가치가 만들어진다.

하소연과 낭만 없이 작별하는 법

 에세이를 주력으로 하는 출판사 편집자에게 들었다. 투고되는 에세이를 살펴보면 고통을 나열하면서 감정에 빠져 있는 경우가 많다고. 아니면 아무것도 하지 않아도 괜찮다고 위로만 하며, 공감만 추구하려 한다고.

 힘들었던 일을 쓰는데 나를 객관화하지 못하고 성찰이 빠져 있을 때, 글은 쉽게 하소연이 된다. '억울하다, 괴롭다, 슬프다'는 일방적인 토로는 누가 읽어도 지친다. 헷갈리는 건 연민을 자극하는, 문장력 있는 하소연이다. '오늘도 아무 일 없었다. 근데 왜 눈물이 나는 걸까.'

 은은한 자기연민이나 자기도취의 달콤함, 분명히 있다. 이런 글들이 훨씬 친절하고 평이하게 읽힌다. 사람들의 반응을 부른다. '이 사람 안아주고 싶다.' 이런 것. 나도 가끔은 그 유혹을 뿌리치지 못하고 '자뻑 모드로' 글을 쓸 때가 있다. 감동적인 마무리를 위해서 그런 기법을 이용하기도 한다. 하지만 못 견디겠다. 안 할 수 있다면, 안 해야 한다고 생각한다.

왜 하소연으로 빠질까. 내 경우엔 이랬다. 세상에서 내가 가장 불쌍하다. 남들이 날 긍휼히 여겼으면 한다. 내가 바라는 이상향이 있는데 세상이 날 알아주지 않아서 그걸 못 한다.

하소연하는 이 마음을 '나 불쌍병'이라고 부르고자 한다. 말이 병이지, 사실 보편적인 이 증상, 치료할 수 있을까. 있다. 하소연이라는 증상에 충실해 본다. 질릴 때까지 토한다. 얼마나 억울한가를 철저히 나의 견해에서 끝까지 써본다. 하나도 감추지 말고. 시간을 두었다가 다시 읽는다. 처음엔 토해낸 글의 정체를 모른다. 경험과 사유를 담은 글이라고 생각한다. 그런데 한 달만 지나서 읽어보면 탄로난다. 그 악취를 맡아본다. 시큼하거나 비릿한 감정이 느껴지는가? 얼굴이 화끈거리는가? 충분하지 않다. 그 배설물을 끝까지 바라본다. 소중해서 못 버리는 나와 대면해야 한다. 여전히 미련이 남으면 또 토해낸다. 그걸 글이라고 붙잡고 있는 나를 만난다. '소중한 내 새끼들'이라며 문장 하나라도 살려내려고 바둥거리는 나를 본다.

아까워서 못 버리고 벌벌 떠는 과정을 수없이 반복한다. 버리고 또 버린다. 내가 하소연과 낭만 없이 작별한 방법이다.

자기연민의 낌새를 표백시켜 버린 글쓰기로, 르포의 역사를 바꾼 사람이 있다. 저널리스트 조앤 디디온이다. 《터프 이너프》에서 데보라 넬슨은 조앤 디디온의 글을 보고, 정신 상태를 의사처럼 진단했다고 평가했다. 디디온은 자신을 부조리하게 바라보며, 외부인의 시점으로 글을 썼다.

> "(성탄절에) 어쩌다 보니 텅 빈 사무실에서 햄버거를 먹는 처지가 되는 여자는 없다. 내가 울고 있는 이유는 내가 지치고 나 자신이 불쌍하다는 생각이 들고, 성탄절이라는 추상은 언제나 자기연민에 더해 자기망상까지 최고조로 부추기는 능력이 있어서 우리가 최선을 다해 인생을 설계하고 살아간다는 사실을 잊게 만드는 것 같기 때문이다. 성탄절, 그 사적인 신비가 아니라 강제적으로 이루어지는 공적인 성탄절 축하에는, 왠지 우리 모두를 희생자로 만드는 무언가가 있다." (조앤 디디온, 1969)

보통은 어린아이를 두고 나와 성탄절에 일하는 자신을 연민하기 쉽다. '불쌍한 내 새끼, 그리고 나'라며, 처지를 한탄하고, 휴일에도 일 시키는 자본주의를 비판하고, 일과 삶의 균형을 위해 사회가 노력해야 한다는 식이다.

디디온이 보기에 자기연민은, "자신을 달래주는 동시에 마비시키는" 망상이었다.* 그는 이렇게 썼다. "성탄절 축하는 우리 모두를 희생자로 만드는 무언가가 있다." 그는 독자들의 나르시시즘에 상처를 입힌다.

《베들레헴을 향해 웅크리다》의 서문에서 그는, 인터뷰에 소질이 없다며 구구절절 썼다. 체구가 너무 작고, 신경도 약해 말도 못하며, 상대가 내 존재를 잊기 쉽다며, 얼마나 '무해한지' 내보였다. 문장은 느닷없이 끝난다. "글쓰는 사람들은 언제나 누군가를 팔아넘기고 있다." 디디온은 어느새 칼을 빼들고 서 있다. 해명은 없다. 공감의 출구는 차단된다. 독자는 버려진다. 디디온 그 자신 마저.

데보라 넬슨은 《터프 이너프》에서 이런 태도를 "비감상주의"이자 "터프함"이라고 했다. 고통스러운 현실을 쓰면서도 감정을 과시하지 않는다. 아무도 눈물을 흘리게 두지 않는다.

흉내낼 수 있을까. 나를 수술대에 눕히는 글. 누군가는 내

---

* 데보라 넬슨, 《터프 이너프》, 김선형 번역, 책세상, 2019년, 345쪽, 354쪽

글을 두고 '외과의사' 같다고 했다. 디디온이 피 한방울 없이 몸을 스캔한다면, 나는 메스를 들어야만 직성이 풀린다.

의심이 생긴다. '나만의 무엇'을 찾으라 하던데, 특별하지 않다는 자각 속에서 쓰면 글이 밋밋해지지 않느냐고. 이런 방식은 무미건조하게 쓰는 것과는 다르다.

어떤 장소를 묘사하듯이 써 내려면 나를 잊어야 한다고 말했다. 무언가를 묘사할 때 핵심은 나의 시선을 따라가되, 설명 충동을 억제하는 것이다. '힘들었다, 불쾌했다, 가기 싫었다'와 같은 감정에 글쓴이가 푹 빠져 있으면, 독자는 글 속으로 못 들어간다. 불쾌했다고 쉽게 느껴버리는 나를 써야지, '나 불쾌해'라고 말하면, 독자는 자기를 돌아볼 기회를 놓친다. 경험을 쓰는 에세이에서 감정적인 토로나 자책하는 태도는 경계해야 한다. 일기와 에세이는 여기에서 갈린다.

글쓰기 강의를 할 때, 이런 비유를 자주 든다. "내 일은 객관적으로 보지 못해도, 남의 단점은 잘 보잖아요?"

내 얘기를 마치 남 얘기처럼 쓰기, 에세이의 시작이 아닐까. 자기 객관화는 차가운 분석과 다르다. 독자가 들어올 문을 여는 일이다. 글쓴이가 자신을 지우면서도 상황을 충실히 그릴 때, 독자가 나를 대신해 장면 위에 선다. 글은 나만의 이야기가 아니라, '우리의' 이야기로 변한다.

06 서사 아닌 에피소드로 보여주기

내 열정엔 계기가 없어

 출판사에서는 《이상하고 쓸모없고 행복한 열정》을 소개할 때, 기억의 '조각들'이라고 표현했다. 조각. 딱 맞는 단어였다. 기억이란 순차적으로 떠오르지 않는다. 띄엄띄엄, 파편적으로 떠오른다.

 과거뿐일까. 현재조차도 균일하지 않다. 시간이 흘러가니까 벌어지는 일들도 쭉쭉 이어지는 것 같은데, 행동이나 생각, 심리 상태는 시계가 가리키는 시간처럼 이어지지 않는다. 단 3분이라도 눈을 감아 보면 안다. 써야 할 글을 고심하다가, 세탁기에서 미처 꺼내지 않은 빨랫감이 생각난다. 갑자기 등이 가렵거나 뱃속이 부글거린다. 이유 없는 소란으로 몸이 웅성

거린다. '의식의 흐름'이라며 비웃는 화법이나 글쓰기도 어쩌면 자연스럽다.

나에 관해 말하거나 쓰려고 하면, 하나로 꿰고 싶은 욕구가 치솟는다. 왜 지금 이 시점에 이 모습으로 있는지 하나의 줄기로 설명하고 싶다. 복잡함이 생략될 때, 듣는 이나 읽는 이 역시 안도감과 편안함을 느낀다. "쟤는 저래서 저러는구나."

위 책을 보고 왜 열정에 사로잡히는지 묻는 이들이 많았다. 찾아내자면 여러 방법론을 동원할 수 있다. 먼저 사주명리학. '무오일주' 사주로 꼽히면 직진하는 기질이다. 어릴 때 왕따 경험에 관한 심리학적 진단. 인간관계에서 결속감이 부족한 탓에 다른 대상에 열정을 쏟아붓는다. 아니면 유전. 아빠가 '덕후'였다. 조류, 양봉, 바둑, 그림. 10년 단위로 덕질을 해오셨다. 그리고 업종. 디자인 업계엔 마니아들이 득실득실거린다.

하지만 결정적인 건 없다. 글을 쓰더라도, 아마 사주 얘기 대신 사주명리 책을, 외로움 대신 거리의 가로등이나, 퇴근길에 듣던 음악을 쓸 것이다. 이렇게 말하고 싶다. '나의 열정엔 계기가 없어!'

음악을 좋아하게 된 이유를 쓸 때도 마찬가지였다. 근거가 어이없을 정도로 빈약해서, 금세 무안해졌다고 프롤로그에 썼다. 작정하고 찾으려면 얼마든지 만들어 낼 수 있다. 어릴 때부터 피아노치는 걸 좋아했고, 그 씨앗이 어딘가에 남아 있었다고. 그러나 원인이란, 현재를 설명하고자 과거에서 유리해 보이는 단서를 조합해서 만들어 낸 값이자 믿음에 가깝다. 지금의 원인이었는지는 아무도 모른다.

믿음이건, 근거이건 간에 원인은 위로도 되고, 잠시 존재 이유가 되기도 한다. 그러나 현재의 상태를 결괏값처럼 바라보며 글마다 원인을 밝히려고 하면, 계속해서 '인생 요약'을 하게 된다. 글마다 인생 요약이 들어가면, 글쓴이에게 가장 손해다. 사람들은 글쓴이의 인생에 관심이 없다. 몇 번 비슷한 회고가 이어지면 지루해한다. 입장을 바꿔보자. 부모님의 인생 하소연을 얼마나 견딜 수 있던가?

원래 저자들이란 자기 의문에 천착하는 자들이다. 평생에 걸쳐 그것을 다양하게 변주해 나간다. 의문이란 글감의 광맥이다. 관건은 똑같은 주제를 어떻게 풀어내느냐다. 매번 인생 압축할 것인가, 아니면 다른 방식으로 풀어낼 것인가.

인생이 왜 이렇게 되었는지, 매번 쓰지 않아도 된다. 쓰지 않아도 하고 싶은 말을 전달할 수 있다. 어떻게? 에피소드와 사례로.

말하지 않고 보여주기

경험을 쓰는 글이라도 개별성과 구체성이 바로 확보되진 않는다. 실상 내 경험일수록 쓰기가 어렵다.

베스트셀러가 된 공저 에세이가 있었다. 기획 출간이었고 저자들에게 특정 키워드를 준 듯한데, 각양각색 직업군의 저자들이 비슷한 서술을 전개하고 있었다. 공통된 키워드라도 겪은 일은 분명 다를 텐데, 방향은 물론 경험의 범위까지도 겹쳤다. 분량의 한계인가. 민감한 부분은 피한 탓일까. 저자들의 경력에 비해, 다른 사람의 이름을 붙여도 상관없을 정도로 구체성이 부족하고 헐거운 글이었다. 사적이지 않더라도 각 직업군의 특징이 상세하게 반영되었다면 실감나는 글이 될 수 있었을 것이다. 유사한 경험이라고 해도 디테일이 살아 있는 글이란 무엇일까.

저녁 식탁에 대해 쓴다고 해보자. 메뉴는 볶음밥이었다. '내가 한' 볶음밥을 쓰지 말고, '볶음밥'에 관해 써보자. 볶음밥을 왜 했고, 야채를 다질 때 얼마나 팔이 아팠는가 쓰다 보면 금세 막힌다. 그러나 야채를 냉장고 구석에서 찾고, 양파를 먼저 볶고, 밥을 나중에 넣는 것과 같은 사소한 방법과 절차를 적어보면, 수고를 구태여 설명하지 않아도, 요리에 담긴 귀찮음과 뿌듯함이 묻어난다.

아이 숙제를 봐주던 일화를 쓸 때도 마찬가지다. 숙제를 봐주는 '나'가 아니라 '아이의 숙제'에 관해 쓴다. 20년 전 배웠던 산수와 전혀 다른 셈법이라거나, '들이' 같은 용어의 생소함을 적어볼 수 있다. 두 가지는 비슷해 보이지만 차이가 있다. 전자는 반응을 서둘러 드러낸다면, 후자는 화자의 목소리보다 대상을 부각시킨다. 속내를 급히 발설하는 글보다 에너지가 많이 들고, 대상에 대한 호기심과 몰입이 필요하다.

이런 태도로 회사에서 겪은 일을 써볼까. 회사를 다니는 이유는 무엇인지 쓰지 않아도 된다. 상사에게 보고서를 지적받은 부분이 오탈자인지, 목차인지, PPT의 글자 색이었는지 써보자. 월급날 허탈하게 빠져나간 카드값의 상세한 명세서 목록, 오늘의 옷차림, 회의실 풍경, 직급별, 부서별 사람들의 특징과 말투, 옷차림, 재빠르게 오가는 눈치 게임, 나동그라져 있는 프린트물의 내용, 뒷정리를 하고 나가는 사람의 투덜거림까지. 이런 걸 통해서 말하고자 하는 바는 드러난다. 솔직하고 구체적으로 쓰기만 한다면 말이다.

눈 앞의 대상을 묘사하다 보면 모든 경험이 글감으로 보인다. 과장을 보태 일상 전체가 글감으로 보이는 착시까지 일어난다.

대상으로의 시선 전환이 자기를 외면하는 건 아니냐고 물을지도 모르겠다. 나만 들여다보는 건, 거울만 들여다보는 것과 같지 않을까. 심지어 그것조차 나는 아니다. 무언가를 경유하지 않고서는 나를 절대 설명할 수 없다. 어떤 방법을 써도 객관적인 서술이란 없다. 내 생각을 쓰지 않은 문장도 정치적인 행위다. 나를 설명하지 않고 남의 일을 써도, 나란 인간의 목소리는 생생하게 들린다.

일의 의미나, 직장을 다닐 수 밖에 없는 이유는 아낀다. 조금씩만 흘린다. 답안지 유출하듯 다 털어놓지 말자. 예시로 하나씩 보여주고, 아쉬움이 남아도 일단 참는다. 도저히 못 참겠으면 글의 마지막에 두세 줄로 후다닥 치고, 냅다 빠진다. 이게 길어지면 도덕교과서가 되어버린다.

에피소드가 모이면 에세이 한 권을 쓸 수 있다. 서사를 원인과 결과로 접착해 줄줄이 풀어버리면, 그걸로 끝난다. 나를 설명하고 싶은 충동을 매번 이기지 못한다고? 글쓴이는 같은 말을 얼마나 되풀이하는지 쓸 땐 모른다. 예전 글을 다시 읽는 건 고문과도 같지만, 가끔은 들춰볼 필요가 있다. 문서 검색 기능을 이용해서 특정 단어를 찾아본다. '3개월 전, 1년 전, 아니, 2년 전에도 이 얘기를 또 썼다니.' 알고 있는가. 내가 겨우 찾아낸 자기복제, 남들은 이미 귀신같이 알아차리고 있다.

자신을 제대로 안다는 건 이토록 어렵다.

거미줄 같은 이야기

옴니버스 서사를 좋아한다. 주인공 한두 명의 활약이 아니라, 비슷한 비중의 여러 인물이 우연히 마주치면서 인생이 달라지는 이야기.

〈매그놀리아〉도 그렇다. 영화 속 인물들은 모두 불행하다. 어린 시절엔 퀴즈 천재였지만 지금은 치아 교정비를 구하려고, 회사 금고를 터는 도니. 열등감에 찌들어 있는 남자들을 모아 '마초'가 되는 법을 전파하며 환호받지만, 속으로 아버지를 증오하는 프랭크. 평생 바람 피며 살았지만, 죽을 날을 기다리는 프랭크의 아버지 얼. 얼에게 성폭력을 당하고 마약 중독자가 된 그의 딸, 클라우디아. 이 남자의 돈을 보고 결혼, 밖으로만 나돌았지만, 얼의 죽음 앞에서 그를 사랑했다는 걸 깨달은 린다.

영화는 불행을 캐고, 해결로 나아가지 않는다. 그보다 지금, 무엇을 하고 있는지 집중한다. 인물들이 사건과 만나는 태도, 방식, 그들의 변화를 생생하고 강렬하게 보여준다.

영화를 통념적으로 해설하면, '용서와 화해'이다. 교훈을 구겨넣고 싶은 마음, 이해는 하지만, 이런 의미 부여가 마음에 들지 않는다. 그렇게 결론을 상정하면, 용서와 화해에 도달하기 위해 무엇을 할지 역으로 추적해야 한다. 나는 이 영화에서, 우연한 마주침 속에 터져 나오는 욕망, 변화, 폭발, 외면의 반응에 마음이 일렁였다. 용서와 화해는 그런 반응 또는 응답이 일으킨 우연적 효과다.

〈매그놀리아〉에서 각 사건은 기승전결의 일직선으로 이어지지 않는다. 사건의 흐름은 거미줄처럼 펼쳐져 있다. 하나의 사건이 출렁이면 다른 사건도 변화한다. 일직선 도로 같은 줄거리에선 앞만 보면서 달린다. 기어코 단 하나의 목적으로 수렴한다. 그러나 거미줄처럼 펼쳐진 구성에선 끄집어 낼 삶의 단면이 많다. 한 명의 주인공이 활약하는 극이 아니라 여러 인물이 얽힌 만큼, 각각의 캐릭터와 사연마다 의미가 생성된다.

2~30대엔 이 영화를 선택의 문제로 보았다. 삶을 엉망진창

으로 만들어버린 주인공들처럼, 어리석은 짓이라도 저질러야 나를 알 수 있다고 생각했다. 40대에 이르러, 영화는 관계라는 프레임으로 읽힌다. 마주침을 통해서만 안다. 인생은 의도대로 되지 않는다. 별일 아닌 일들이 예상하지 못한 곳으로 나를 데려간다. 원인도 모르고 결과는 우연인데, 되는대로 살아야 하나? 허무주의가 스며든다.

이런 전개의 미덕은 어떤 식으로 살라고 말하지 않는 데 있다. 다양한 목소리를 관용적 태도로 포용하자고 말하는 건 너무 쉽다. 다채로운 결을 하나의 교훈으로 수렴하려는 고집이다.

결론은 어떻게 내야 할까. 도입만큼 어렵다. 앞서 질문하는 글쓰기를 하자고 했다. 질문이라면, '~로 생각하면 어떨까?' '생각해 보자'와 같은 의문이나 청유형 문장을 떠올리기 쉽다. 이런 서술의 남발은 글쓴이가 논지를 끝까지 쥐고 가지 못했을 때 튀어나오는 방식이다.

'다 같이 좋은 방향을 찾아보자'는 결론 역시, 회피다. 독자에게 떠넘기기다. 질문하는 글은 자기만의 입장을 피하지 않는다. 그것을 최대치까지 밀고 나가며, 독자와 충돌할 위험을 감수할 때, 그 글은 읽는 이에게 묻는다. '당신의 생각은?'

틀릴 수도 있지 않느냐고? 틀릴 수밖에 없다. 틀렸다는 걸 알기 위해서라도 나의 의견을 밝히고 써야 한다. 두루뭉술하게 내빼지 말고, 편협해도 구체적으로 써야, 틀렸다는 걸 자각하고 생각이 움직인다. 틀릴까 봐 쓰지 않는다면, 뭘 틀렸는지 모르고, 속으로 여전히 옳다고 생각한다.

독자를 믿을 필요도 있다. 옳은 답을 내지 않아도 독자는 길을 찾아간다. 정답을 말하지 않았던 〈매그놀리아〉에서 내가 나만의 의미를 찾아냈듯이. 문득 생각을 옳곧게 전달해야 한다는 강박에 시달리던 시간이 떠오른다. 찔린다.

깔끔한 인과나 명확한 결론을 내리는 충동을 자제하는 방법. 복잡함을 억지로 단순하게 만들지 말고, 복잡한 상황은 복잡하게 들여다보되, 그중 하나만 보여준다. 그때 드러난 조각은, 덜컥 열려버리는 새로운 문이자 질문이다.

우연에 따른 변화를 받아들이는 일은 되는대로 살기와 다르다. 그때그때 만나는 생의 단면에 충분히 감응하며 사는 일이다. 인생 전체를 꿰는 질문이나, 통달한 깨달음을 얻기는 불가능하다. 우린 딱 자기 눈앞만큼만 살아간다. 어차피 좁을 거라면 그 조각이라도 정면으로 만나본다.

07

나는 너를 모른다

공감이 아닌, 모름으로

 그동안 쓴 책엔 가족과의 갈등을 전면에 드러내고 속내를 밝힌 글이 많다. 책을 읽은 이들은 궁금해했다. '애가 읽으면 어쩌려고?' '남편이 읽었대?' '부모님은 뭐래?' 그런 말을 듣고서야 깨달았다. 가족이 내 글을 어떻게 읽을지 한 번도 생각해 본 적 없다는 걸.

 공감을 상대의 시선에서, 그 사람의 감정이나 행동을 이해하는 거라 본다면, 난 공감 능력이 '제로'다. 세상도, 사람들도 나에겐 대체로 '이해 불가'의 존재다.
 고민을 들으면 '참 힘들었겠다' 해야 하는데, '왜 힘든 거지?'

가 더 궁금해진다. 나이를 먹고 대인관계 기술에 노련해지면서, 공감의 제스처를 취하기는 한다. 진심은 아니다. 상대를 위한 응대였다. 하지만 소질 없는 건 숨길 수 없다. 분위기 파악 못하고 헛소리 할 때가 가끔 있다.

이런 인간이 쓰는 글이라면 누구에게도 읽히지 않아야 한다. 신기하게도 많은 이들이 본인 같다는 말을 들려줬다. 뜨끔하면서 후련하다고 했다. 글을 잘 써서라고 생각하지 않는다. 누구든 공감을 못 하는 구도로 쓰면, 읽는 이의 공감을 부를 수 있다. 무슨 뚱딴지 같은 소리냐고?

선뜻 이입 못하는 만큼, 마주한 이와 나의 차이를 철저하게 의식하면서 쓴다. 중요한 전제는 '당신을 모른다, 알 수 없다'이다.

의미 부여를 덜고 보이는 대로 충실히 쓰다 보니, 인물을 향한 헤아림 없이 '팩트 폭격'이 되었다. 누군가는 몰래 엿보았냐고 물어보기도 했다. 안다는 전제를 버리고, 모른다고 생각하니 또렷한 글이 되었다.

글쓴이는 전지적 시점을 가진다. 잘 모르는 사람이라도 상대의 마음에 들어간 것처럼 쓰기 쉽다. 판단하고 개입한다. 흔히 말하는 다정한 태도를 지니면, 등장인물에 동일시한 이들은 글쓴이에게 승인받은 듯 흡족해한다. 글쓴이가 선을 넘는 경우도 있다. 당사자는 위로 따위 필요 없는데 '힘들지, 네 맘 알아, 힘든 이유는 무엇 때문이야'라고 규정해 버린다.

양육자의 애환을 소재로 글을 쓴다고 해보자. 아이가 아팠고, 나는 회사에서 조퇴를 하고 아이를 돌보았다. 배우자는 늦게 온댄다. 화가 났다. 나 때문에 아이가 아픈 것 같은 자책이 든다. 밤늦은 시각, 아이를 겨우 재우고 나왔는데, 퇴근한 배우자가 설거지를 해뒀다.

"아이를 재우고 나와 보니 개수대가 치워져 있었다" 정도로 쓸 것이다. 의외로 이런 담백한 서술이 드물다. 결혼생활을 다루는 생활 에세이에서 많이 보이는 표현은 이렇다.

"그(그녀)도 노력하고 있었다. 고마웠다."

고상하게 쓰자면 "평소엔 말이 없어도 이런 식으로 나를 배려한다."

'노력' '감사' '배려'란 말이 턱 걸린다. 행동 하나하나에 의미를 부여하는, 애정 투사.

상대가 정말 그런지, 어떻게 알 수 있을까? 그가 노력한 걸까, 내가 그에게 의도를 덧씌운 걸까. 그저 설거지가 눈에 거슬려서 한 걸 수도 있다. 묻지 않은 이상, 왜 했는지 알 수 없다. 감사도 마찬가지다. 감사란 상대의 행동과 상관없이 가질 수 있는 태도다.

내가 다른 사람의 행동을 너그럽게 묘사할 땐, 선한 사람처럼 보이고 싶다는 마음이 컸다. 타인을 좋게 그리면, 나도 좋은 사람처럼 보인다. 이중의 자아 포장이다. 이런 생각을 하는 나, 너무 가혹한가?

화가 난 듯 보일 때도 마찬가지다. "그 사람은 화가 나 보였다"라고 쓰지만, 정말 화가 났는지 아닌지 모른다. 가족과 대화하다 상대방이 말 없이 표정이 굳을 때면 긴장하곤 했다. 그런데 "지금 화났어…?"라고 물으면 예상하지 못한 답이 돌아왔다. "갑자기 배 고파서" "방귀가 나올 것 같아서."

내게 일어난 일을 글로 쓰는 이유는 뭘까? 나를 알기 위해서 아닌가. 상대를 떠나 내 상태부터 해부해 보자. 설거지 마무리가 마음에 들지 않았다. 고마워하는 게 왠지 예의인 거 같았다. 평소 같으면 무시했겠지만, 이날은 배우자가 오기만 기다렸는데, 마침 일찍 왔고, 깔끔하게 마무리까지 해서 진심으로 고마웠다. 의사소통과 감정의 기술로서 고마움이 자동 튀어나왔다. 돈독한 부부 사이를 이참에 넌지시 자랑하고 싶었다. 관용어처럼, 노력이나 감사라는 말이 나왔다.

묻지 않은 이상, 상대의 속은 알 수 없다. 그렇게 믿거나 보고 싶다는 것이, 보다 정확하지 않을까. 하지만 상대가 왜 저렇게 구는지 알고 싶은 마음은 개인적인 해석으로 가려진다.

써야할 건 상태다. '아마도 저런 이유 때문이겠지, 그에게는 이런 면도 있겠지'라며 의도를 추측하지 말고, 눈에 보이는 그대로를 써본다. 나의 편협함, 지질함 그리고 상황의 아이러니함에 관해. 내 시선을 최대치로 드러낸다. 너무 많이 추측하고, 좋게 해석하고, 분석하느라 애쓴 나를 일단 내려두고.

"열이 난 아이를 겨우 재우고 주방으로 나왔다. 설거지가 되어 있었다. 그릇은 개수대에 엎어져 있지만 세제 자국이 군데 군데 묻어 있고 젖은 행주가 상판에 철퍼덕 내던져 있었다. '하려면 제대로 하지 이게 뭐야.' 소파에 기대어 스마트폰을 하고 있던 그가 나를 힐끗 보더니 "설거지 했다!"라고 외쳤다. 속으론 가소롭다는 비웃음이 새어 나왔지만, 그의 천진해 보이는 표정에, "어, 그래 고마워"라고 떨떠름하게 대꾸하고 말았다. 누구와도 말하고 싶지 않은 밤이었다."

너를 이해한다는 말

 김혜진의 소설 《너라는 생활》*은 도시 청년 노동자이자 레즈비언 커플인 '나와 너'의 도시 생존기를 다뤘다. 모든 단편은 철저히 '나'의 시선으로 구성된다.

 '나'가 바라보는 '너'는 오지랖이 넓어 공과 사를 구분하지 못하는 사람이다. 무책임하고 철모르는 사람이다. 싹싹하고 다정하게, 나를 곤란하게 한다. '너'를 향한 미움이 덩달아 생기고, 왜 '너'와 헤어지지 못하는가 답답해진다. '얘네 도대체

---

* 김혜진, 《너라는 생활》, 문학동네, 2020년

왜 이러고 살아?'

팟캐스트 〈정희진의 공부〉에서 이 소설을 '타자화하지 않고 글을 쓴다는 것이 무엇인지 보여주는 작품'이라 언급한 것을 듣고, 읽는 방향이 열렸다.

'너'에 대해 짜증이 나지만, 평가할 수 없는 난감함이 일었다. 그건 왜일까. '너'를 어떤 범주에도 넣을 수 없어서였다. '나'는 '너'를 치밀하게 관찰하며 묘사하지만, '너는 그래서 그런 거구나'라는 환원론으로 빠지지 않았다. '너'를 옹호하지도 않았다. '너'는 읽히지 않는, 모호한 존재였다. 읽는 사람에게도 '너'는 막이 쳐진 인물이다.

이런 탓일까. 작중 화자인 '나'에게 감정이입 할 여지가 생겼다. '나'에게 해결책을 말해주고 싶기도 하고, 두 사람을 앉혀두고 속시원하게 대화를 듣고 싶어진다. 화자의 감정선을 고스란히 따라갈 수 있다.

소영현 문학평론가는 이 소설에 관해, 소수자나 약자의 이름으로 묶이는 분류법으로 이해될 수 없는 고유한 면을 건져냈다고 비평했다.* 분류법이란 뭘까. 레즈비언 커플은 성소수자이다. 사회의 차별과 멸시가 먼저 떠오른다. 소설에서도 그

---

* 소영현, 〈해설 - 하나는 너무 적지만 둘은 너무 많다〉, 앞의 책

런 장면이 몇 번 비춰졌다. 지인이 '너희를 응원한다'는 뉘앙스로 말하거나, 부동산에서 둘의 관계를 선뜻 밝히지 못할 때. 그러나 직접적인 언급은 없었다.

그보다 소설은 인물의 '고유성'을 보여줬다. 이웃의 시선을 지나치게 의식하는 '나', 전혀 아랑곳하지 않는 '너'. 나와 너의 오해와 서걱거림, 짜증나면서도 의존하고 싶은 마음, 돌봄과 자립 사이의 갈등을 드러냈다.

소설은 이 갈등을 '성소수자'이며 '여성'이고, '가난한 노동자'이기 때문이라고 단정 짓지 않았다. 소설이 막연하게 읽힌다면 이것 때문이리라.

그동안 했던 수많은 판단을 떠올려본다. 공감을 쉽게 못한다고 했지만, 다른 방식으로 억지로 이해하려 했다. 누군가를 이해하고 싶을 때면 그 사람을 어떤 분류 안에 넣고 싶었다. '50대라서 그래, MZ라서 그래, 돈을 안 벌어봐서 저래, 직장을 오래 다녀서 그래, 남자 또는 여자라서 그래, 장녀라서 그래, 외동이라서 그래, 둘째라서 그래, 문과라서 그래, 이과라서 그래, T라서 그래, J라서 그래.'

규정짓고 나면 안심했다. '저래서 권위적이구나.' '저래서 일을 못 하는구나, 쉽게 그만두는구나.' 분류해 두지 않으면, 해석이 안 되는 미지의 상태로 남아 혼란을 줄 테니 말이다.

 반대의 경우도 마찬가지다. 나도 어딘가에 속하고 싶었다. 나를 포함한 세대의 어려움이 공통으로 묶여 설명될 땐 위로가 되기도 했다. 내 탓만이 아니라고 말할 여지가 생겼다.

 하지만 범주로 이해하는 건 잠시 안심하기 위해서다. 짚어지지 않는 그 사람을, 내가 아는 좁은 언어로 규정짓고 이해했다고 착각한다. 더 이상 그를 알려고 애쓰지 않아도 되고, 그를 통해 내가 무엇을 아는지 무시해도 된다. 몰라도 된다.

 어떻게 할까. 결국 쓸 수 있는 건 그 사람이 아니라 나다. 그에 관해 아무리 자세히 쓴다 해도, 글은 나의 프레임을 통과한 결과다. 여기에 글쓰기의 윤리가 있다. 타인을 나의 렌즈로 비추고 있음을 알고 있는가. 그 모습이 진짜라고 믿는 건 아닌가.

타인을 통해서만 나를 말한다

 타인에 관한 또 다른 소설, 엘레나 페란테의 '나폴리 4부작'. 이 소설은 레누와 릴라의 40년 동안의 우정을 그린다. 둘의 관계를 우정이라고 정의해도 될진 모르겠다. 이 소설은 화자인 레누의 시선과 해석만으로 릴라의 삶을 들려준다.

 마지막 4권 《잃어버린 아이 이야기》를 덮으며 알았다. 레누는 릴라를 40년이나 만나 왔고, 온통 릴라의 목소리를 쓰면서도, 릴라를 알지 못했다. 의구심이 일었다. 릴라에게도 레누가 비슷한 존재감이었나. 둘의 관계를 우정이라고 할 수 있나. 우정이라면, 흔히 생각하는 우정의 정의를 바꿔야 했다. 이들의 우정엔 질투, 투사, 시기, 이용하고 싶은 마음도 있었다.

레누는 성공한 작가가 된 60대까지 끝없이 릴라를 의식하고 질투했다. 처음엔 나폴리 촌구석을 벗어나 성공하려고 안간힘을 쓰는 레누가 안타깝기도 했다. 레누는 돈과 명성을 얻었지만 불안했다. '릴라가 더 좋은 글을 쓸지 모른다. 릴라라면 내 글쓰기를 자극할 수 있다.' 그의 모습을 보며 외치고 싶었다. '레누, 제발 릴라를 놓아줘.'

레누는 니노와의 불륜을 제외하곤 모든 면에서 모범생이었다. 사람들의 인정을 받으려면 무엇을 해야하는가 잘 알았다. 작가로서 진보적으로 보일 정치의식을 지녔고, 여성으로 독립적으로 보일 만한 페미니즘을 수용했다. 피에르토의 말처럼, "어중간한 페미니즘, 어중간한 마르크스시즘, 어중간한 체제전복주의"였다. 레누에겐 허영심이라는 자원이 있었다.*

반면 릴라는 자의식도, 허영심도, 타협도 없었다. 결혼이든, 사업이든, 거침없이 돌진하다 미련 없이 버렸다. 직접 공장주와 싸우면서도 구제받길 원하지 않는 프롤레타리아였고, 혁명가와 지식인의 신념을 비웃었다. 누구도 존경하지 않았다. 릴라는 상대의 자기기만을 꿰뚫어 보았다. 릴라는 레누의 허영

---

* 엘레나 페란테, 〈노년기 : 나쁜 피 이야기〉, 《잃어버린 아이 이야기》, 김지우 번역, 한길사, 2017년, 552쪽, 481쪽

심에 곧잘 찬물을 끼얹었다. 하지만 레누가 릴라를 찾을 수밖에 없는 이유. 스스로를 알도록 집요하게 추궁했으며, 해결에 도달하도록 했다.*

레누의 불안과 조바심에 공감하면서도, 얄미웠다. 릴라가 무서웠지만, 동경했다. 무작정 매료되지 않고 양가감정이 드는 건, 그만큼 작가가 인물을 범주화하지 않았기 때문이다. 소설은 레누의 1인칭 시점으로 전개되지만, 작가는 레누의 목소리를 레누와 분리한다. 레누 스스로 행동과 말을 분석한다.

비비언 고닉이 말한 '페르소나'다. 즉, 화자인 레누는 자기가 쓰고 있다는 사실을 알고 있다. 그래서 독자는 레누의 감정을 따라가면서도, 그녀의 반응에 완전히 몰입하진 않는다. 어느 순간엔 공감하지만 어느 순간엔 고개를 갸웃한다. 이 이중감정이, 페르소나의 효과다.

레누가 쓴 건 무엇이었을까. 레누는 릴라와의 한평생을 썼지만, 자기가 바라보는 릴라만 썼다. 릴라를 통해 삶을 썼다.

나 아닌 다른 사람을 쓰는 일. 과연 어디까지 가능한가. 쓸

---

* 앞의 책, 84챕터

수 있는 건, 내가 바라본 사실 뿐이다. 여기에서 나란 사람이 드러난다. 합리적이고 선량한 나가 아니라 분열적인 나, 혼란스러운 나, 무언가를 깨달은 나가 보인다.

끝으로, 누군가로 인해 생긴 변화를 살피면, 무엇에 좋을까. 나를 애써 올바름이나 이해의 도덕 안에 끼워맞추지 않을 때, 판단하려는 습관을 멈추고, 반응하는 나를 먼저 바라볼 때, 그 누구보다 나 자신과 화해할 수 있다.

가까운 이들에 대해 쓸 때

 배우자, 가사, 육아를 둘러싼 피 튀기는 전쟁을 담았던 내 책을 읽은 후, 많은 이들이 이런 질문을 했다.

 "남편이 읽고 뭐래요?"

 책에서 난도질로 관찰당한 사람을 염려하는 것일까. 글 때문에 이혼당할지도 모르는 날 걱정하는 걸까. 왜 '남편에 대해 쓸 때 어려운 점은 없었어요?'라거나 '이렇게 생각하는 이유는 뭐예요?'가 아니라 다른 사람의 반응일까.

 염려와 달리 배우자는 책을 다 읽은 적이 없다. 읽다가 눈이 풀려 졸기 일쑤였다. 그나마 본인이 등장하는 파트만 겨우 읽었다. 그의 행동을 가차없이 비판하는 부분에서도 "맞는 말인데?"라고 했을 뿐이다.

배우자를 내 책에 여러 차례 불러왔지만, 그의 생각이 궁금한 적은 없었다. 나를 어떻게 여기고 있는지 신경 쓰이지 않았다. '남성 개인'의 목소리에 지면을 주고 싶지 않았고, 그의 내막이나 진심을 해명할 이유도 느끼지 않았다. 그가 어떤 사람인지, 나에게 어떤 의미인지 쓰지 않았다. 그는 나에게 관찰의 대상이었다. 그저 가사분담 싸움에 연루된, 대한민국의 수많은 배우자 중 하나로 기록됐다.

복병은 엄마였다. 내 책의 열혈 독자인 엄마는, 내 블로그를 지켜보고 있었다. 한번은 배우자에 관한 글을 읽었는지 문자가 왔다. "많은 사람들이 보는 곳에 쓰지 말아라. 보기 좋지 않다." 이참에 확실히 선을 긋기로 했다. 일부러 독하게 말했다. "엄마가 보고 있으면 쓸 수 없어요. 다 큰 자식이 쓰는 글까지 관여하고 싶으세요?"

엄마가 신경 쓰인다. 엄마가 내 글을 읽지 않길 바라지만, 막는 건 불가능해 보인다. 결국 내식대로 받아들였다. '읽지 말라고 했는데도 굳이 찾아 읽고 거북하다면 그 사람 몫이야. 껄끄러움을 감수하는 건 내 몫이고.'

자전적 글쓰기에서 있어 가족은 감시자이자, 나를 구성하는 가장 오래된 맥락이다. 삭제하면 중요한 고리가 빠진다. 가족이 읽지 않길 원한다면 숨기기도 방법이다. 비공개로 계정 운영하기. 알려주지 않기. 차단하기. 그러나 '도의상' 꺼려진다. 아니면 정면돌파다. 단도직입적으로 그 앞에 들이댄다. 공격이나 비난, 지나친 신상명세 공개가 아닌, 내가 나를 관찰한 글이라면 아마 납득할 터.

아니면 이왕 경제공동체가 된 거, 글쓴이를 위해 빌런까지 되어줄 순 없을까? '나 하나 나쁜 놈(년)되어서 글이 재밌을 수만 있다면, 조회수가 1천을 넘는다면.' 이 정도 공모, 불가능할까? 하지만 가장 좋은 방식은 적당한 무관심이다. 가족끼리는 SNS도 팔로우하지 않는 것이 예의, 아니 의리다.

아이는 아직 내 글을 판단하지 못한다. 책엔 '엄마가 된 걸 후회한다'라는 내용도 있었다. 아이를 평가하지 않았다. 다만 나란 사람이 이 아이를 어떻게 대했는가를 썼다. 아이가 물으면 이렇게 답할 것이다. "이게 니 엄마다."

자식을 소재로 쓰지 않겠다고 결심한 주제도 있다. '아이를 이렇게 키웠더니 이렇게 자랐다'라는 류로, 지침을 제공하는 글이다. 양육의 성취를 자랑하는 육아서는, 자식을 콘텐츠화한 자기계발 에세이다.

가족은 '나를 명예훼손으로 고소하진 않겠지'라는 믿음이라도 있다. 동료, 친구, 지인들은 다르다. 《이상하고 쓸모없고 행복한 열정》에 다양한 인물들이 등장했다. 그들과의 친분, 관계, 연락 정도에 따라 노출의 정도를 조절하고 허락을 받았다. 직업이나 나이, 장소를 모두 바꾸거나 해당 인물의 구체적인 정보를 쓰지 않았다.

같이 나눈 대화를 한 문단 이상 인용할 때도 써도 되는가 허락을 받았고 쓴 글을 보여줬다. 한번은 대화 내용을 그대로 옮겼는데, 친구의 말이 따끔했다. 내 글처럼 읽히지 않는다는 거였다. 아차 싶었다. 그의 말을 다시 풀어 썼다. 그제야 친구는 이게 바로 하고 싶은 말이라고 했다.

생사조차 모르는 경우엔 과감해지기도 했다. 지금 연락되는 이들보다 더 깊은 감정을 담았다. 책이 백만 부 정도 팔린다거나, 마르그리트 뒤라스처럼 세계적인 작가가 되지 않는 이상, 그들이 내 글을 읽을 리 없다고 믿으며.

현재 연락이 닿을 수 있고 그 사람과의 경험을 쓰고 싶은데, 허락을 받기엔 껄끄러운 관계도 있다. 그땐 아예 모든 걸 바꿨다. 시기, 에피소드, 성별, 나이까지도. 새로운 인물과 사건을 창조하고 핵심적인 메시지만 남겼다. 이런 점 때문에 '책의 초판엔 소설과 에세이 그어디쯤'이라는 부제를 소심하게 달았다.

 누구를 쓰든, 전제할 점은 그를 소재로 이용하는 데 있지 않다. 언제나 염두한다. 그 사람을 거치며 나는 무엇을 알았나. 그와의 마찰 속에서 드러난 나를, 독한 시선으로 무정하게 들여다보고 싶었다.

나에 대한 이해부터

 결국 쓸 수 있는 건 오직 나라고 말했지만, '나'도 쉽게 쓰여지지 않는다. 남의 눈을 의식하는 습성은 집요하게 들러붙는다. 바로, 자기검열.

 앞의 예처럼, 내 판단을 세우기도 전에 가족부터 떠올리는 경우. 가까운 이를 배려하거나 보호하고 싶기 때문일까? 아니면 그 사람이 상처받을까 봐 걱정이 되나?

 가족은 엄연히 남이면서, 지금의 나를 구성하는 일부이기도 하다. 남을 그리는 관점이 내가 어떤 사람인가 보여준다고 했다. 가족과의 갈등을 드러내는 건, '내 얼굴에 먹칠'이 되기도 한다.

가족이 내 글을 읽고 기분이 언짢아질까 염려된다고 말하지만, 그 반응에 상처받을 나를 먼저 걱정하고 있지 않나. 언제나 걱정하는 건 나, 아닌가? 조심스럽게 가늠한다. 배려와 회피는 동전의 양면이라고. 좋은 사람처럼 보이고 싶은 마음은 감춘 채, 자신의 행동을 배려로 포장하는 건 아닌지.

캐럴 길리건은 《침묵에서 말하기로》*에서, 여성들이 관계를 헤아리느라 얼마나 많은 에너지를 소모하는가 분석했다. 기존 발달이론은 권리와 자율성을 도덕적 성숙의 기준으로 삼았다. 갈등이 생기면, 각자의 권리와 규칙을 지키는 선에서 해결하는 방식이다. 그러나 이는 대부분 남성의 생애주기에 해당됐고, 여성의 경험과 달랐다. 캐럴 길리건은 권리 중심 도덕이 심리 발달을 전부 설명해줄 수 없다고 주장하며, 여성의 돌봄과 관계중심성 역시, 인간의 중요한 발달이라 주장했다.

내가 주의깊게 읽은 건, 돌봄과 관계지향성이 중요하다는 점만은 아니었다. 캐럴 길리건은 미숙할 때의 양상도 구체적으로 짚었다. 여성들은 관계를 고려한다는 명분으로 선택을

---

* 캐럴 길리건, 《침묵에서 말하기로》, 이경미 번역, 심심, 2020년

미뤘다. 책임을 회피했고, 그만큼의 심리적 대가를 치렀다.

클레어라는 여학생은 공부벌레 남학생, "미스터 바른생활"을 애인으로 두고 있었다. 그녀는 애인이 자신에게 소홀하다는 걸 알고 있었고 관계에 불안을 느꼈다. 그러나 헤어지지 못했다. 대신 방탕하게 노는 다른 남학생, "미스터 제멋대로"에게 관심을 돌려, 애인의 질투심을 자극하고 불안을 달래려고 했다. 클레어는 어떤 결정도 하지 못하고 두 관계에 붙잡혔다. 시간이 지나자, 관계에 책임을 지려 하지 않던 점이 고통의 원인이었음을 깨달았다. "감당해야 할 몫을 감당하지 않으려 한 것이 문제의 주된 원인이었어요." 클레어는 원하는 걸 주장해야 한다고 생각하지 못했다. "이번주 토요일에 만나. 이번에도 나오지 않으면 우리 관계는 끝이야"라고 말하지 않았다.* 클레어는 선택을 해야 했고, 관계를 맺은 사람에게 응답할 기회를 줘야 했다.

여성들은 누구도 상처받지 않는 방법이 있을 거란 희망을 가지고 있었다. 이 책이 나온 1970년대 미국만 해도 그랬다. 그래서 행사할 수 있는 힘을 확신하지 못하고 대립을 회피했

---

* 〈2장. 관계 이미지의 열쇠, 거대한 집단의 일부〉 참고, 앞의 책, 175쪽

다. 남성들의 판단에 따랐다.

길리건이 새롭게 수립한 발달이론에 따르면, 욕구나 욕망을 회피하는 건 돌봄이 아니었다. 여성들은 희생과 돌봄을 혼동하고 있었다. 그렇다면 돌봄 윤리는 어떻게 발달하는가?

그는 '임신 중지를 둘러싼 딜레마'를 중심으로 여성들의 돌봄 윤리가 어떻게 전환되어야 하는지 정리했다. 첫 번째 전환. 여성들은 희생을 통해 간접적으로 다른 사람을 통제했다. 외부의 요구에 주장을 숨겼다. 선택과 결정을 이기심과 동일시했다. 그러나 결정은 나를 위한 동시에, 연결된 이에게 던지는 물음이기도 하다. '아이를 낳을 거야(낳지 않을 거야), 당신이 원하든 원하지 않든.' 이 말은 상대방에게도 선택의 기회를 준다. 남성도 이 책임에서 도망칠 수 없다.

두 번째 전환. 남에게 상처준다는 이유로 선택을 미루지 않는다. 선에서 진실로의 이동이다. 진실이란 자기 욕구다. 나를 파괴하면서까지 부적절한 도덕을 지키지 않는다. 욕구를 인정하는 일, 그 자체가 윤리의 출발점일지도 모른다. 세 번째 전환. 돌봄은 희생이 아니라 자신과 관계를 포함하는 것이다.*

입장 없는 글은 없다. '좋은 게 좋은 것'이라고 하는 글이야

---

* 〈3장. 자아와 도덕〉, 앞의 책

말로 정치적이다. 심지어 교과서에도 입장이 있다. 그러나 남성중심사회에서 여자가 결정을 선명히 하면, '이기적인 년'이 된다. 이 점에서 내 글도 비판받았다. 사람들은 끝없이 물었다. '너의 생각만 있지 않으냐.' 남자의 처지를 헤아리며 '그도 노력하고 있다', 때론 '불쌍하다'라고 쓰지 않은 아내의 글이, 그렇게 거슬릴 일일까.

공감은 동의나, '좋아요'로 볼 수 없다. 심리를 어림짐작하는 일도 아니며. 반박하지 않는 수용과도 다르다. 비판이나 비난만큼 칭찬도 일종의 오해다. 칭찬이 기쁠 거란 생각은 나의 기대일 뿐, 그 사람은 어떨지 모른다.

캐럴 길리건이 재정의한 돌봄이란, 내게 진실한 결정을 하며 책임을 받아들이는 일이었다. 글을 쓴다면, 타인을 좋은 사람으로 못내 그리지 말고, 최대치까지 관찰하기. 글 속의 나는 그다지 올바르지도 균형적이지도 않겠지만, 그렇다는 걸 알고 있으면 된다. 길리건이 말한 '진실'이다.

배우자를 어떻게 쓸 수 있을까. '남자도 사회 구조로부터 자유롭지 못한 것이야'라고, '부양자, 가부장제' 같은 범주를 빌어 이해해 보려고 했다 치자. 그다음부턴 왜 그런 생각을 했는지 써본다. '남자에게 연민 느끼나? 이런 식으로 성차별을 수긍하는 건 아닌가.' '내 남자'는 '다르다'며, '여성차별적이지 않다'고 옹호하고 싶은 마음이 들 때도 마찬가지다. 구조로 간편하게 퉁치지 않고, 한 겹 더 벗겨낸다.

자기검열은 없앨 수 없다. 글은 모든 문장과 단어를 걸러낸 결과물이다. 단 무엇을 선별할 것이냐는 결정 권한은 나에게 있다. 검열을 남이 나를 보는 시선이 아니라, 어디까지 균열을 드러낼 것인가로 바꿔본다. 내가 숨기고 있던 관계의 기류는 무엇인가.

관계의 자장을 섬세하게 그려내는 글을 쓰고 싶다. 사람들과의 역학을 감지하지만, 누구도 상처받지 않는 글. 하지만 그 배려 안에서 나를 좋은 사람처럼 포장하고 싶진 않다. 나의 한계 안에서만 관계의 겹쳐짐도 극대화할 수 있을 것이다. 내가 할 수 있는 건, 얼마나 당신을 알 수 없는가 혹은 얼마나 알고 싶어하지 않는가를 복잡하고 너저분하게 쓰는 일이다.

08 장인처럼 쓰기

디자인처럼 글쓰기

 글을 쉬지 않고 써왔지만, 정작 20년 가까이 해온 직업에 관해선 쓰진 않았다. 나는 디자이너다. 로고, 포스터, 브로슈어, 웹사이트 등 돈 받고 맡는 디자인 작업은 대부분 해봤다. 연차가 쌓이고 관리자가 되면서 주된 업무는 견적서와 기획서 쓰기로 바뀌었고, 필요하다면 영업이나 교육도 하며, 상품 소개나 기업의 업무 매뉴얼에 필요한 글까지 쓴다.

 요약해서 업무를 설명하자면 이렇다. 클라이언트가 제시하는 초기 아이디어에서 실마리를 뽑아내 콘셉트를 짠다. 자료 조사도 하고 프로세스를 세운다. 프로토타입을 만들어 테스트한다. '죽어라' 수정한다. 디테일은 생명이다. 일련의 일을

'말'이나 '글'로 담기란 꽤 어렵다.

요즘은 글 잘 쓰는 디자이너도 많지만, 2000년도 초반에만 해도 디자이너들은 언어적 표현에 매우 취약했다. 어릴 땐 불만이었다. 왜 작업을 설명하지 못할까. 말이 없다는 건 생각이 없는 것과 비슷해 보였다.

관리자가 되어서야 디자이너들이 말이 적은 이유를 알게 되었다. 아무리 의미를 붙여도, 디자인이 엉성하면 아무 소용 없었다. 리처드 세넷이 TED 강의에서 했던 말, "장인은 설득하지 않는다. 보여준다."

결과물 자체로 승부를 보이려는 자세는 자주 무시당했다. 디자인을 배울 때만 해도, 디자인은 '기술'로 분류되어 경시되기 일쑤였다. 인문계를 우대하던 흐름 속에서 '예체능'이라 묶인 기술 계열은, 공부도, 사유도 필요 없이 손으로 반복해서 익히면 그만인 것이었다. 손재주가 좋다는 말은, 공부를 잘하지 못해도 먹고살 수 있다는 뜻이었다.

회사에서도 비슷했다. 다른 직군의 동료들은, 밖에서도 일거리를 찾을 수 있는 디자이너의 재주를 부러워했지만, 존중하는 경우는 드물었다. 디자인을 맡기면, 본인을 '머리'로, 디자이너는 '손'처럼 부렸다. 어떤 클라이언트는 디자이너를 버튼 누르면 출력되는 자판기처럼 여겼다. '제가 생각한 건 이게 아닌걸요.' 예시를 보여 달라고 하면 답하지 못했다.

　디자인은 남의 생각을 손으로 구현하는 일과 다르다. 그렇다면 무엇인가. 현장에 깊숙이 담겨 있으면 '메타적'으로 보지 못한다. 한창 디자인을 할 땐 답하지 못했다. 내 작업을 구차하게 설명하고 싶지 않았다. 퀄리티는 안 되면서, 썰만 잘 푸는 건 공허하게 느껴졌다. 실무의 세계에서 그런 태도는 살아남기 어렵다.

　하지만 사유가 있는 디자인도 하고 싶었다. 이런 바람으로 언어를 갈망하던 시간이 매우 길었다. 시간이 흘러 관계는 역전됐다. 디자인에 언어를 불어넣기보다, 언어를 디자인처럼 대하게 되었다.

　글쓰기를 디자인처럼 해왔다. 무언가를 만들어 낸다는 측면에서 보면 두 가지는 다르지 않았다. 글쓰기와 디자인엔 모두 '반복과 수정'이 있다. 창조적인 작업에서 '영감과 직관, 아이디어, 재능'이 핵심이 아니라니, 의아할지도 모르겠다.

　나는 디자이너다. 손만 쓰지 않았다. 손으로 생각해 왔다. 글쓰기도 마찬가지였다.

생각과 손이 동시에 움직일 때

 글쓰기와 디자인에서 반복과 수정이란 무엇인가. 리처드 세넷의 《장인》을 통해 살펴보려 한다. 《장인》의 한국어 번역본 부제는 '현대 문명이 잃어버린 생각하는 손'. 이 책에서 언급하는 장인은 수공업 작업자만 의미하지 않는다. 세넷은 유리 공예사, 요리사뿐 아니라 건축가, 리눅스 개발자, 연주자, 엔지니어, 의사, 간호사 등 다양한 작업을 추적한다. 그들이 현장에서 어떻게 문제를 만나고, 풀고, 발견하는지를. 장인은 "보상이 없더라도 일 자체에 깊은 보람을 느끼며 별다른 이유 없이 세심하고 까다롭게 일하는 인간"이다.*

 장인들의 작업에서 가장 중요한 특징은 뭘까. 그들은 손과 머리를 분리하지 않는다. 흔히 말하는 앎과 삶, 이론과 실천, 생각과 행동의 분리다. 창작에선, 설계와 구현의 분리다. 사람들은 생각대로 행동해야 한다고 힘주어 말하기도 한다. 내가 접해온 인문학 공부도 이러한 분리와 간극을 극복하고 어떻게 일치시키며 살 것이냐에 중점을 두고 있었다. 하지만 생각과 행동의 일치를 강조하는 말엔 늘 전제가 있다. 경험이란, 알고 있는 것을 실제로 확인하거나 겪어보는 실행의 차원에 머무는 것이다.

 장인의 세계에선 생각과 행동의 이분법이란 전제가 없다. 둘은 순차적이지 않다. 구체적인 작업(경험)과 생각은 '붙어' 있다. 디자이너의 작업에 그대로 적용해 본다면, 디자이너들끼리 가장 많이 하는 말. '일단 해보겠다.'

 작업이 끝나기 전까지 어떤 그림이 나올진 알 수 없다. 초기 기획 단계에서 아이디어와 방향을 잡지만, 구체적인 형태는

---

* 리처드 세넷, 《장인》, 김홍식 번역, 아르테, 2021년, 6쪽

만들어야만 알 수 있다. 이미지, 글자, 도형, 색상을 수시로 바꾸며 수정한다. 어딘가 어색하다 → 조정하며 이유를 찾는다 → 한 요소를 해결하면 다른 게 해결 과제로 떠오른다 → 다시 조정한다.

이런 장인의 작업을, 바로 '실기'라 한다. 김홍식 번역가는 원문의 'craft'를 '실기'로 번역했는데, 영어보다 의미가 구체적이고 명쾌하게 와닿았다. 요리할 때 칼이라는 도구를 쓰는 것 '기술'이라 한다면, 기술을 몸에 익히는 건 '기능'이다. 그렇다면 '실기'란? 칼을 쓰는 기술을 기능으로 익혀, 실전에서 수없이 시행착오를 겪는 과정이다.

실기는 아무 생각 없이 이루어지지 않는다. 아무리 매뉴얼이 상세해도, 칼을 직접 쥐고, 반복하며 익혀야 한다. '왜 안 되지? 엇, 잘 되네? 어떻게 했지?' 생각이 끊임없이 따라붙고, 행동을 교정한다. 가만히 생각만 할 순 없다. 이리저리 해보아야 한다. 손을 움직일 때, 의식과 질문이 동시에 움직인다. '초' 단위로 손끝과 머릿속이 연결된다, 시간은 순삭(순간삭제)된다. 몰입이다.

세넷은 리눅스 공동체를 예로 든다. 리눅스 엔지니어들은 버그가 나타나면 고친다. 끝나지 않았다. 버그 하나가 제거될 때마다, 새로운 코드 활용법이 나타났다. 문제를 푸는 일과 문제를 찾는 일이 한 덩어리로 뒤엉킨다. 실기를 하는 작업자들은 발견된 문제를 '문젯거리'로 여기지 않는다. '이 부분이 왜 이상해졌을까' '다음엔 이걸 활용하면?' 작업을 확장해 나간다.

이런 점에서 실기의 흐름은 완벽한 구상과 계획을 짜두고, 그것이 어떻게 '실현되는지' 감독하는 접근과 180도 다르다.

전문가의 영역이 아닌 일상의 습관으로 바꾸면? 두 달 안에 5kg 감량을 목표로 삼고 식단과 운동을 계획한다고 해보자. 하루에 두 끼, 단백질과 야채 위주로 먹을 거라고. 그럼에도 계획대로 되지 않는다. 계획과 실행을 분리해 접근하면, 체중 감량은 성공 아니면 실패다. 실시간 피드백이란 이런 것이다. 샐러드가 아니라 삼겹살을 먹어버린 날, 재빨리 일의 전후를 살핀다. 스트레스를 받았는가? 공복이 너무 길었나? 자글자글 흐르는 육즙에 식욕을 참지 못했는가? 이때 '나는 못 해'라고 포기하지 않는다. 몸에서 벌어지는 현상을 관찰한다. 자책은 필요 없다. 문제 설정이 바뀐다. 체중 감량이라는 목표가 아니라, 습관을 만드는 연습을 하나의 실험처럼 여겨본다. 몸과의 대화가 시작된다.

쓰기에서 만들기로

 글쓰기를 말한다면서 왜 딴소리를 하냐고? 글쓰기도 실기처럼 해야 한다. 글쓰기의 방식을 바꾸자는 제안이다. 지적 행위든, 먹고사니즘이든, 글쓰기를 너무나 심오하고 숭고하게 본다. 글쓰기를, 글 '만들기'라는 행위로 접근하고 싶다.

 세넷은 '물질의식material consciousness'이라는 개념을 말했다.*이 개념을 빌어, 글이라는 언어를 직접 손으로 매만지고 다듬고 느끼고 사유하고 수정하는 질료이자 물질로 본다. 글의 완성을, '물건'의 완성처럼 여기고자 한다. 혼자 쓰고 혼자 읽을

---

* 〈4장, 물질의식〉, 앞의 책, 196쪽

일기가 아니라 공론장으로 발행되는 글이라면, '읽혀야' 한다. 물건의 목적이 사용이라면, 글도 품질이 중요하다. 제련하고 테스트하면서 완성에 가까워지는 물건인 글, '글 만들기'란 무엇인가.

백지를 두고 첫 문장부터 일필휘지하는 사람은 거의 없다. 그럼에도 대부분은 무작정 백지부터 필 것이다. 이내 막힌다. 기다린다. 매혹적인 문장이 떠오를 때까지. 예열이라는 명목으로 유튜브를 서너 시간 본다. 아무리 기다려도 영감은 찾아오진 않는다.

진실이 드러나는 순간은 오직, 손끝이 키보드와 만나거나 연필 끝이 지면에 닿을 때다. 아무 말이라도 쓰기 시작해야 쓸 말을 알 수 있다. 무엇을 쓸지 모르는 채로 써 내려가는 글은 엉성하기 짝이 없다. 이걸 '스케치'라고 부른다. 스케치엔 짜임새 있는 구성이 없다. 듬성듬성하고 희미한 밑그림이다.

세넷은 장인의 작업에서 스케치의 중요성을 책 전반에 걸쳐 반복 강조한다. 건축가로 보자면, 스케치는 "윤곽을 그려가면서 가능성을 탐색하는 행위"다.*

스케치는 캐드 프로그램으로 그려내는 완벽하고 정교한 설계도와 차이가 있다. 스케치를 그려봐야 전체 모양을 가늠할 수 있다. 훌륭한 건축가는 캐드 도면만 믿기보다 현장과 스케치를 오고 가며 도면을 수정한다. 스케치는 이른 확신을 방지한다. 스케치를 통해 엉망과 불완전함을 빨리 겪는다. 한 번에 완벽한 완성이란 불가능하다는 걸 깊이 인정한다.

글쓰기로 돌아오면, 스케치는 서론-본론-결론의 탄탄한 구조를 갖추기 전이다. 단상을 늘어놓고 글의 좌표를 가늠해 본다. 이걸 '쓰레기가 될 초고'라고 부른다. 한 번에 글을 완성하겠다는 생각을 버리되, 끝까지 가보는 것이다. 스케치는 거칠고 조악하다. 엉망은 빨리 겪을수록 좋다. 처음부터 한 문장씩 공들이면, 고치기 싫어진다. 한 번이라도 정성스레 망쳐본 초고가 있다면 이게 무슨 말인지 알 것이다.

거친 초고의 끝을 봤다면, 그때부터 수정을 시작한다. 무엇을 쓰려 했는지 몰랐다면, 수정 속에서 실마리를 찾는다. 주제는 처음부터 생기지 않는다. 쓰면서 생긴다.

---

* 〈1장, 속병 앓는 장인〉, 앞의 책, 75쪽

수정은 한 번으로 끝나지 않는다. 단어와 문장 단위로, 셀 수 없이 반복된다. 소리 내어 읽는다. 어색한 주술 관계를 수정하고, 쉼표를 넣고, 중복된 단어를 걷어내며, 뭉개고 지나간 지점을 파고든다. 수정은 연습이다. 이 작업에서 문제의식이 뾰족하고 정교해진다.

미세한 띄어쓰기나 오탈자만 수정한다면 수정은 지겹기 짝이 없다. 구성을 수정하는 일과 '은·는·이·가'를 수정하는 일이 번갈아 일어나고, 사례를 추가하는 일과 불필요한 문장을 걷어내는 일이 교차된다. 하고자 하는 말은 정교해진다. 글쓰기는 리듬을 탄다.

생각을 충분히 한 뒤 쓰겠다는 건, 한 번도 실기로 글을 써본 적 없을 때나 가능한 말이다. 새 글을 10개 쓰기보다 하나의 글을 10번 수정해 보자. '완벽한 글을 쓰겠다'는 망상을 버리자. 눈앞의 문장과 단어를 고치는 일부터 집중한다.

오직 써야만, 쓸 수 있는 글을 알 수 있다. 내가 말하려는 바를 알 수 있다.

손끝에서 시작된 질문

리처드 세넷은 장인 노동의 가치를 처음 인정한 작업으로 18세기 《백과전서》*를 꼽았다. 이 책은 지식과 정보를 나열한 '백과사전'과 다르다. 작업장의 고되고 정교한 과정을, 정밀한 삽화 3천 장으로 그려냈다.

프랑스 혁명의 기폭제였다는 《백과전서》는, 특권 계층의 삶을 노골적으로 풍자했다. 귀부인의 표정은 권태롭지만, 머리 모양을 손질하는 하녀의 표정엔 생동감이 가득했다. 육체노동을 하는 사회적 약자나 근로자를 가련하게 표현하기보다

---

* 〈3장. 기계〉 참고, 앞의 책

그들이 가진 기술과 활력을 예찬했다.

《백과전서》의 기반은 '계몽주의'였다. '계몽'이라는 말을 들으면 엘리트가 무지몽매한 대중을 일깨우려는 모습부터 떠오른다. 하지만 당시 칸트가 말한 계몽은 그 반대였다. 사회가 당연하다고 하는 질서와 규범을 무턱대고 따르지 말고 의심하자는 것이었다. 무작정 믿는 미성숙한 상태에서 벗어나, '감히' 알고자 하는 용기였다.[*]

계몽은 '비판'이라는 기획으로 이어졌다. 비판은 스스로를 일깨우는 사유이며 행위다. "너는 네가 어디까지 알 수 있는지 정말로 알고 있는가?"[**] 장인의 실기에 대입해 본다면, 스스로 묻고 판단하고, 한계를 가늠하고, 손과 머리로 세계를 바꾸려는 태도였다.

세넷은 손끝에서 일어나는 계몽과 비판의 움직임을 세가지로 요약했다. 초점을 맞추고 localize, 질문하고 question, 문제를 설정한다 open up.[***] 구체적 삶의 자리에서, 손과 머리로 질문하는 방식이다.

---

[*] 미셸 푸코, 〈비판이란 무엇인가(1978년 5월 27일)〉, 《비판이란 무엇인가? 자기 수양》, 오트르망 번역, 동녘, 2016년, 48~50쪽 참고

[**] 앞의 책, 51쪽

[***] 리처드 세넷, 〈10장. 능력〉, 《장인》, 김홍식 번역, 아르테, 2021년, 441쪽

초점 맞추기

초점 맞추기는 "어디에서 중요한 일이 일어나는지 짚는 능력"이다.* 어떤 일에서 개선하거나 해결해야 할 부분을 방대하고 거시적으로 접근하지 않고, 다룰 수 있는 구체적인 부분으로 좁힌다.

글쓰기만큼 매일 씨름하는 또 다른 일, 피아노 치기로 예를 들어보자.

하나의 음계를 빠르게 올라가거나 하강해야 하는 스케일을 연습할 때였다. 전체적으로 매끄럽게 올라가거나 내려가지 않았고, 음을 하나씩 빠뜨리며 절뚝거렸다. 연습을 아무리 해도 고쳐지지 않는다. 어디에서 엉키는지 파악해야 한다. 알고 보니 1번(엄지)에서 4번(약지)으로 손가락이 교차할 때, 팔 전체가 준비를 해두지 않아서 그런 일이 발생했다. 이것이 초점 맞추기다.

글쓰기로 가져와 보면 어떨까. 누군가가 말도 안 되는 촉박한 일정과 적은 비용으로 디자인을 의뢰했다. 시안을 보냈더니 표의 색상이나 줄 간격까지 지적하지만 이유는 없다. '이상해요. 실망인데요?' 갈수록 점입가경이다. '왜 원본 파일 안 주

---

* 앞의 책, 같은 페이지

세요? 다른 데는 주던데? 포스터 한 장이 뭐 대단하다고요?' 이런 상황을 글로 고발하고 싶다.

'이 사회는 디자이너를 오퍼레이터로 취급합니다. 디자인의 가치를 인정하지 않고 있습니다!'는, 방만하고 진부하다. 이럴 때 주고받은 메일을 집중 분석해 본다. 어떤 피드백이 왔는가. '깔끔한 느낌이면 좋겠어요.' 원고는 정확했는가. '작년 것 참고요.' 일정은 충분했는가. '가급적 빨리 보고 싶습니다.' 레퍼런스를 제시했는가. '이게 마음에 들어요.' 수정은 어떤 방식으로 요청했나. 메일? 카톡 15개? 전화? 일이 어긋나기 시작한 디테일에 '초점'을 맞춘다.

질문하기

문제를 발견했다면, 다음으론 질문해야 한다. 왜 손가락 전환이 늦는가? 한 번에 휙 틀려고 하니까 그만큼 시간이 걸리는 거였다. 어떻게 해야 하나. 팔과 손등이 이동할 준비를 미리하고, 3번과 2번 손가락이 건반을 짚을 때, 동시에 팔꿈치도 살짝 들어올려야 한다. 탐색은 사이에서 일어난다. 문제를 파악한 뒤, 바로 고치지 않는다. 행동 – 중단(질문) – 행동 – 중단(질문)을 반복한다.

글쓰기에 적용한다면 어구와 단어마다 의심한다. 이 문장은 괜찮은가? 흐름이 맞는가? 이 단어가 지금 필요한가? 어떤 글도 애초에 계획한 대로 써지지 않는다는 점을 인지하자. 막힌다고 처음부터 새로 쓰거나 그만두는 버릇은 전혀 도움이 되지 않는다. 모호함과 막막함을 껴안으며, 어디로 갈지 확신이 없는 상태에서 오락가락하며, 질문한다.

때론 참고문헌이 글을 반박할 근거가 되기도 한다. 하지만 결론을 미리 정해두면, 돌발 상황이 시간 낭비처럼 여겨진다. 글쓴이가 '이게 맞는 걸까? 다른 건 없을까?'라는 의심을 품었다면, 예측 못한 상황은 글을 입체적으로 만들어준다.

문제 설정이라는 직관적 도약

수정에도 도약의 순간이 있다. 실마리가 잡힌다. 번쩍하진 않는다. 삽질 끝에 간신히 도달한다. 이걸 '직관적 도약'이라고 한다.*

도약을 위한 첫 번째 단계, '틀 바꾸기'. 기존 기술을 다른 일에 적용해 본다. 《장인》 책과 글쓰기를 연결한 것도 직관적 도약이다. 글쓰기를 다시 보고자 했다. 생각을 문자로 구현하는 행위가 아니라, 손을 쓸 때만 생각이 전개되는 작업이다.

---

* 리처드 세넷, 〈7장. 의식을 깨우는 도구들〉, 《장인》, 김홍식 번역, 아르테, 2021년, 337쪽

두 번째. '나란히 놓기'. 글쓰기는 지적 작업이고, 디자인은 손재주라는 통념을 깨고자 했다. 두 가지 모두 문제를 찾으며 동시에 해결하는 작업이다.

세 번째. 암묵적 지식을 의식의 단계로 퍼올린다. 글쓰기와 디자인이 일어나는 과정 자체를 들여다보려 했다. 작업을 하나씩 떠올렸다.

네 번째. 중력을 의식한다. 내가 묶인 문제를 인정하자. 장인의 작업과 디자인 그리고 글쓰기를 이어 보았지만, 글쓰기가 구체적으로 어떻게 이루어지는지 투명하게 드러낼 수 없다. 모든 반론을 반박하겠다거나 무리해서 글을 완결짓지 않으려 한다.

직관적 도약은 명쾌한 결론을 뽑아내는 일과 다르다. 부담스럽지만 문제를 끌고 가겠다는 의지다. 이런 태도를 글쓰기 전반에 적용할 수 있다. 한 편의 글에서 모든 걸 해결하려는 욕심 버리기. 한계치까지 가보되, 잠정적 결론임을 인정하기.

쓰는 사람이란 정체성 말고, 그냥 쓰기

《장인》에서 매료된 문장이 있었다.

"훌륭한 장인은 세일즈맨으로서는 별 볼 일 없는 사람이다. 무언가를 잘하려고 몰입해 있지만, 자신이 하는 일의 가치를 설명할 줄 모른다."*

저자가 SNS로 일상을 그럴듯하게 편집해서 올리고, 퍼스널 브랜딩을 하지 않으면 청탁도, 강의도 없고, 심지어 책 판매도

---

* 〈3장. 기계〉, 앞의 책, 193~194쪽

되지 않는 곳이 글쓰기 시장이었다. 저자이면서 세일즈맨이 되어 책을 팔아야 했다. 글쓰기보다 홍보가 힘들었다. 그러나 이 문장을 읽고 나의 지향을 '장인'으로 삼기로 했다. 아무도 알아주지 않아도 괜찮다거나, 글을 잘 쓰면 누군가 알아줄 거란 희망이 있어서도 아니었다. 글의 품질과 세일즈가 다른 영역임을 받아들였다.

《장인》의 후반부에서 존 듀이의 주장이 나온다. 그는 일과 놀이가 똑같은 활동이라고 했다. 처음엔 거부감이 일었다. '일도 놀이처럼 하라'는 말, 지긋지긋하게 들었다. 아무리 힘든 일이라도 즐기면서 하라는, 자기 착취의 다른 말처럼 들렸다.

반면에 듀이의 놀이는 정의부터 달랐다. 결과를 따지지 않고, 대상을 탐색하는 몰입이었다. 수학이라면 시험을 위한 풀이가 아니라, 수의 세계에 빠져드는 상태. 일 역시 그럴 수 있다고 그는 말한다. 행위를 하는 순간의 집중과 깨달음 자체가 보상이라는 것.

사회학자 라이트 밀즈는 연구자의 태도와 삶의 방식을 언급했다. "지식 노동자는 자기 연구의 완성을 향해 나아가는 과정 속에서 자기 자신을 형성한다."* 세넷의 장인론으로 바꿔 말하자면, 장인은 무언가를 만들어가는 행위 속에서 자기를 만들어간다. 이 말을 풀어보자면 '나'라는 건, 매일의 일과 분리된 채, 순수하게 존재하지 않는다. 무언가 만들어내는 순간에만, '있다'. 이부자리가 내팽개쳐진 방의 모습도 나이고, 대충 마무리해버린 오타투성이 글도 나다.

세넷은 장인론을 시민의 정치로까지 확장했다.** 스승 한나 아렌트의 관점을 정면으로 반박했다. 아렌트는 노동에 매몰된 인간은 사유할 수 없으므로, 일상과는 별개의 공론장을 만들어야 한다고 보았다.

하지만 세넷은 정치나 사유를 일상의 고단한 잔업과 분리하지 않으려 했다. 그는 '하고 또 하고 다시 되풀이하는 와중에 천천히 변화하는 행동'에 정치의 가능성이 있다고 봤다. 작업에서의 탐색을 시민의 삶에 적용하면, 그것이 '자기통치'다. 이 대목에서 미셸 푸코의 '자기배려'라는 개념이 떠올랐다. 자

---

* 라이트 밀즈, 〈장인 기질론〉, 《사회학적 상상력》, 강희경 외 번역, 돌베개, 2004년
** 리처드 세넷, 《장인》, 김홍식 번역, 아르테, 2021년, 462쪽 - "민주주의를 확신하는 실용주의의 시각에 기대를 걸 만한 이유를 실기작업에서 찾아볼 수 있다. 그것은 기능을 숙달할 때 인간이 활용하는 능력에 대한 기대다. 그 능력은 놀이의 보편성이고, 초점을 맞추고 질문하고 문제를 설정하는 기본 능력이다. 이러한 능력은 엘리트 집단에 국한돼 있는 게 아니라, 대다수 인간이 폭넓게 공유하는 것이다."

기배려는 푸코가 그리스 시대의 소크라테스에서부터 로마 제정기의 철학자들에게서 발견한 개념으로, 자기를 작업의 대상으로, 미학적으로 구축하는 것이다.

푸코는 《주체의 해석학》에서 그리스·로마 철학자들, 특히 세네카의 스토아 사상을 인용해 '자기배려' 개념을 전개했다. 책에서 세네카는 "자신을 이윤에 결부시키지 말라"고 말하며 자기 자신을 도달해야 할 목적으로 여기자고 했다. 자신을 타자의 시선에서 해방시키고, 자신으로부터의 예속에서 벗어나자고 했다.[*]

'자기배려'.

처음부터 이 개념에 사로잡혔다. 자기배려로 글을 쓰기도 했다. 그러나 푸코의 의도가 무엇이었든, 오독임을 인정하면서도, 이 개념은 아니꼬운 데가 있다. 노동을 노예들에게 모조리 떠넘긴 그리스·로마 시대 엘리트 계층을 주요 레퍼런스로 삼았다는 것이 그것이다.

중세 기독교 시대를 거치며 계층을 망라한 삶의 태도로 확대되었지만, 육체노동은 고려되지 않았다. 종교적 사제나 지적 스승을 필요로 했다. 매일 고객을 응대하고, 돈 계산을 하

---

[*] 미셸 푸코, 〈1982년 2월 17일 강의 후반부〉, 《주체의 해석학》, 심세광 번역, 동문선, 2007년, 302~303쪽

며, '시안9차.jpg' 파일을 보내는 나같은 사람은 도무지 동일시되지 않았다. '삶의 기술'이라는 자기배려는, 나에겐 일상을 떠나야만 가능한 '사유'처럼 여겨졌다.

하지만 수년이 지나 세넷의 장인론에서 다른 가능성을 본다. 푸코의 자기배려가 지식인의 것이었다면, 세넷은 그것을 '손으로 일하는 자'에게 가져왔다. 노예의 노동을 필요로 하지 않으며, 가사를 전담해 줄 사람이 없어도, 매일 생업 속에서도 할 수 있는 자기배려. 장인의 자기배려는 의식적 성찰 이전에, 손끝과 근육을 쓰는 생활이었다.

장인들은 '하면서' 안다. 사유는 해석이 아닌 '행위'에 가깝다. 악기를 연주하건 디자인을 하건 프로그래밍을 하건. 무엇이 틀렸는지 담백하게 인정한다. 만들어가는 일은 끝없는 오류의 발견이다. 장인의 공동체에선 피드백이 가차 없이 오간다. 자기도취, 자기연민, 자기미화는 끼어들 틈이 없다. 알고 싶지 않아도 매 순간 자신을 마주하게 된다. '파르헤지아'라는 말조차 거창하다.

또 오류를 깨닫는 성찰이나 내면으로 침잠하지 않는다. '나는 왜 이것밖에 안 될까'와 같은 자책에 빠질 시간에, 수정을 더 한다. 글쓰기도 그래야 한다고 생각한다.

책의 마지막 문장은 다음으로 끝난다.

"굽은 발로 절룩거릴지라도 그 자신이 아니라 자기 일을 자랑스러워하는 헤파이스토스. 우리 자신에게서 발견할 수 있는 가장 존엄한 인간의 모습이 바로 그일 것이다."

'그 자신이 아니라 자기 일을 자랑스러워한다.' 이 구절에서 오래 머물렀다. 이처럼 나도, 글 쓰는 사람이나 저자로서의 나를 자랑스러워하기보다, 글 자체를 자랑스러워하고 싶다

우린 보통 글쓰기를 정체성을 드러내는 도구로 사용한다. '어떻게 하면 글 쓰는 사람이 될까.' '어떤 글을 쓸 수 있을까.' 하지만 '글쓰는 사람'이라는 정체성보다 중요한 건, '무엇을 하고 있다'라는 행위이다. 글쓰는 사람이 되려고 하기보다 그냥 글을 쓰면 된다.

그러므로 질문이 바뀐다. '어떻게 하면 글을 더 나아지게 만들까?' '나'라는 건 '나는 누구다, 나는 어떻다'라는 선언이 아니다. 손끝으로 만들어가는 물질과의 만남을 통해 '되어가는 중'이다.

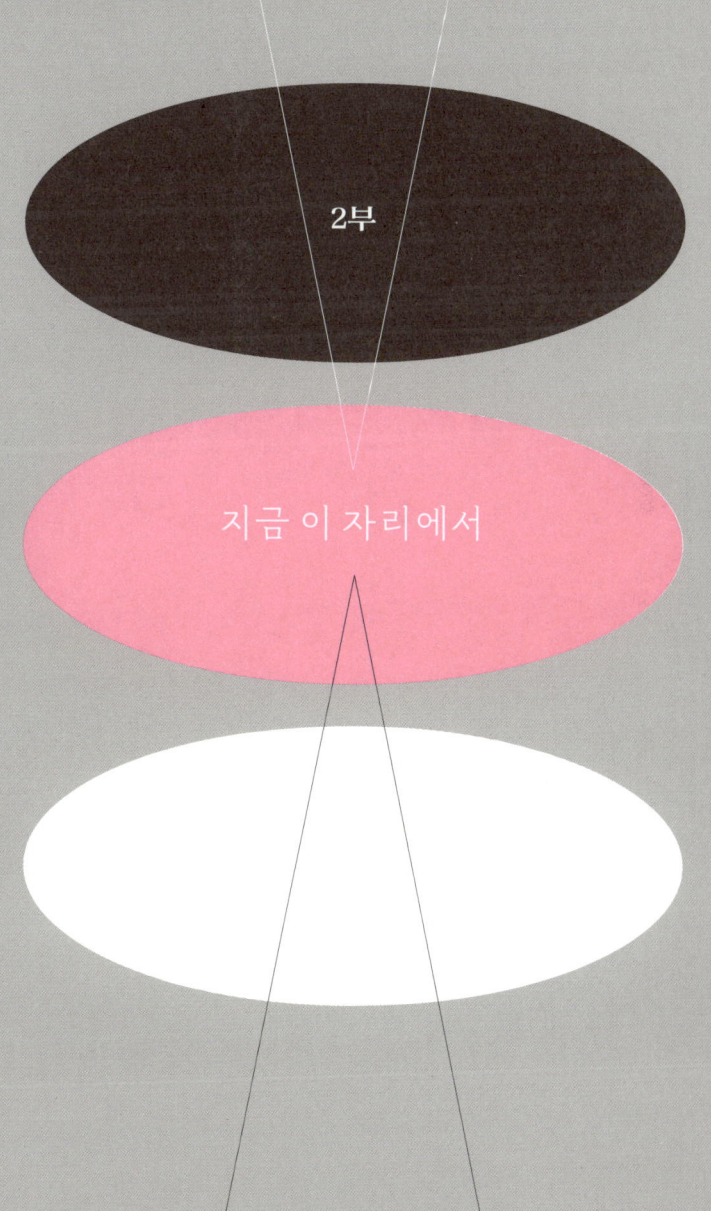

2부

지금 이 자리에서

09

행복이란 말 대신

삶의 평가 기준, 행복

　결혼과 출산을 둘러싼 담론은 크게 두 가지 양상으로 나누어진다. 먼저 비혼과 비출산이 대세가 된 것만큼 결혼과 육아 생활에 관한 두려움이 존재한다. '행복하게 살지 못한다면, 결혼은 하지 않는 게 낫다. 이런 세상에선 아이들을 행복하게 키울 수 없다.' 매스컴에선 아내 폭력, 아동 학대에 대한 보도도 끊임없이 쏟아진다. 육아하던 엄마가 직장을 그만두는 사례야 수도 없다. 결혼과 출산을 불행의 구덩이로 여기는 건, 합리적인 판단처럼 보였다.

　결혼과 육아의 현장에 있는 이들의 반격도 만만치 않다. 결혼과 육아에 관해 부정적으로 쓴 글에 어김없이 달리는 익명

댓글이 있다. '결혼 20년 차이지만 배우자와 여전히 손을 잡고 다니고, 설렌다.' '아이를 키우는 일은 너무나 행복하다.' 비혼과 저출생이라는 흐름에 주눅 들어 있다가 기다렸다는듯, 행복 증명 릴레이가 펼쳐졌다. '육아는 행복한 일인데 독박이라는 말을 쓰다니요!'라는 분개도 빠지지 않는다. '독박육아'를 '독점육아'로 바꾸자는 메시지도 양육자들 사이에 전파되고 있다.* 이들은 부정당하는 가족의 행복을 복원했다.

비혼과 저출생이 대세가 된 시대. 결혼과 출산은 사회적 의무나 통과의례가 아니라, 여건이 되는 사람들의 선택이 되었다. 초래된 효과가 있다. 사방에서 '행복하지 않을 거면 왜 선택했느냐'는 물음이 당사자들에게 던져진다. 결혼이나 출산을 선택한 사람들은 행복을 증명해야 한다.

'안 해도 행복하다'와 '해야 행복하다'라는 주장은 맞선다. 내가 주목하는 건, 거부하는 쪽도 옹호하는 쪽도 선택의 근거이자 종착지로 '행복'을 내세운다는 것이다. 무얼 선택하든 기준을 행복으로 둔다는 점에서 두 노선은, 비약일지 몰라도 결국 같은 이야기를 하는 것이다.

---

* 구글이나 네이버에 '독점육아'를 검색해 보면, '독박육아' 대신 이 표현을 쓰자는 제안이 커뮤니티를 중심으로 퍼지고 있다.

나 역시 이런 담론에서 자유로울 순 없었다. 행복을 기준으로 삶을 평가해왔으니 말이다.

결혼도, 육아도. 도무지 행복하지 않았다. 직장에서 일에 만족 못하면 실패로 여겼듯, 가정에서도 불안이 느껴지면 '망했다'고 생각했다. 내가 잘못 산 걸까?

선택해야 했다. 행복해지기 위해 상담 받거나, 불행을 제거하려 이혼하거나, 아니면 '헬조선'을 떠나 이주하거나. '사는 건 원래 그런 거지'라며 체념할 수도 있었다. 모두 하지 않았다. 발버둥치다가 얼떨결에 다른 방식으로 살 길을 찾았다.

행복을 절대적 가치이자 삶의 목표에서 낙후시켰다. 행복하지 못해 괴롭다면, 애써 노력하기보다 행복을 목표에서 지워버리면 안 되나? 불행을 없애기보다 행복을 기준에 두지 않으면, 행복에서 자유로워질 수 있다. 행복하지도 않지만 불행에 잠식되지도 않는다. 그동안 쓴 책 세 권은 모두 행복에 관한 성찰로 끝나는데, 이러한 정의 바꾸기 작업이었다.

행복이 지배하는 세상에선 그다지 호소력이 없었다. 종종 반론을 받았다. '작가의 글에 동의하지 않는다. 엄마와 아내로서 행복하다.' 행복해지는 방법을 조금만 제시해도 읽는 사람은 안심한다. 행복을 부정하지 않았다. 다만, 행복하지 않을 수 있다는 말을 했을 뿐이다. 그럼에도 '행복하지 않아도 상관

없다'는 식의 글은 방어기제를 일으켰다. 의문이 남았다. 행복이 궁극적으로 추구할 목표처럼 되는 것을 어떻게 이해해야 할까?

사라 아메드의 《행복의 약속》을 만났다. 행복에 관해 품었던 궁금함이 이 책에 담겨 있었다. 《행복의 약속》은 물음을 건넨다. "행복은 무엇을 하는가?"* 아메드는 행복을 성취하기 위한 지침처럼 설명하지 않았다. 대신 행복이 우리에게 무엇을 '하는지' 물었다. 낯선 질문이다.

---

* 사라 아메드, 〈서론〉 참고, 《행복의 약속》, 성정혜, 이경란 번역, 후마니타스, 2021년

행복에 이르는 삼단 마법

 글을 쓸 때, 행복은 부지불식간에 튀어나온다. '엄마여서 행복하다' '행복해지고 싶다' '행복한 부부가 되는 법'. 행복은 순간적으로 느끼는 기분이 아니라, 지속되거나 도달해야 하는 기준처럼 다뤄진다. 행복은 어쩌다 이토록 대단한 위상을 부여 받았을까.

 2000년대 이후 '행복학'은 정치, 경제, 심리, 교육 등 전 분야를 잠식해왔다.* 행복학엔 수학이나 철학처럼 개념의 계보가 없다. '행복'이란 무엇인가? 측정 가능한 '좋은 기분'이다. 스스

---

* 앞의 책, 42쪽

로 행복하다고 말하면 행복으로 본다. '학'이 붙은 분야가 이토록 허술해서 될까 싶지만 행복학의 추종자들은 전혀 개의치 않았다. 그들은 행복을 사회 전체가 지향해야 할 방향으로 설정했다. '행복하지 않는 자, 모두 유죄!'

행복학은 인간이 사는 이유를 행복해지기 위해서라고 정의한다. 성공한 삶에서 필수 요소로 떠올랐다. 학력이나 경제력보다 앞선다. '공부 잘하는 아이'보다 '행복한 아이'로 키우자는 경향도 나타났다.

행복이 목표로 승격되는 전개는 삼단논법을 그대로 사용한다. 제주도 바다에 갔다. 날씨가 화창했고 친구들과 즐겁게 놀았다. 제주도를 떠올리기만 해도 기분이 좋다. 그래서 제주도 바다가 좋다고 한다. 제주도 바다의 속성과 기분좋음은 사실상 연관이 없다. 우연이다. 비바람이 몰아쳐 여행이 엉망이 되었을 수도 있었다. 그러나 그 경험이 좋았기에 앞으로도 제주 바다에 가면 좋을 거라 기대한다. 우연한 관계가 인과관계로 바뀌었다.

순진한 논리이지만, 단순함이 결혼생활엔 그대로 통용된다. 경험을 바탕으로, 결혼과 행복을 인과관계로 만들어버린다. 결혼이 사회적으로 승인받는 대상이라면 이 인과관계엔 힘이 실린다. 삼단논법이 아닌, '삼단 마법' 완성.

행복한 직장, 행복한 공무원이라는 말은 코미디다. 그런데 행복한 가족, 행복한 결혼, 행복한 아이, 이 말은 관용어다. 억지스러운 인과관계로 들리지 않는다. 사랑하고 결혼하면 행복하다. 그러니 결혼하라. 여기 의심할 구석이 있나?

행복은 이룰 수 있는 상황일까? 행복은 영어로 happiness다. Happiness는 'hap(happen)'에서 나왔다. 'hap'은 '일어나는 일'이며 '우연'의 의미를 담고 있다. 한자어 '행복幸福'도 마찬가지다. '복'은 무엇인가? '복덩이가 굴러 왔네'라고 하듯, 노력과 상관없이 우연히 얻은 결과다. 하지만 '행복한 사람들은 결혼을 했다'라는 말엔, 우연으로써 행복이 사라졌다. 행복하기 위해 결혼해야 하고, 결혼하면 행복해야만 한다.

아메드는 묻는다. '이걸 하면 행복해져'라는 그 약속조차 나에게 해당되지 않을 때, 소속감을 느끼지 못한 적은 없는가? 《행복의 약속》엔 이들의 이야기가 실려 있다. 행복 신화를 깨거나 방해하는 "정서 이방인"*들이다. 이 글에선 그 신화를 보고자 한다.

---

* 〈1장. 행복의 대상〉 참고, 앞의 책, 92쪽

행복한 가정주부라는 특권

공저 《페미니스트도 결혼하나요》를 출간하며, 언론 인터뷰를 했다. 인터뷰 기사엔 '페미니스트여도 행복한 가정생활을 할 수 있다'는 요약이 실리곤 했다.

기혼여성이 페미니즘을 실천한다는 건 불가능하다고 여기는 사람들이 많을 때였다. 나를 포함한 저자들은 페미니즘이 부부 사이에 연대감을 만든다고 항변하려 했다. 막상 결혼과 행복, 페미니즘을 나란히 배치한 기사를 접하자, '이건 아닌데'라는 생각이 들었다. 왜 페미니즘의 이유를 행복한 가정 만들기에서 찾아야만 하나. 왜 여성이 가정의 행복을 책임져야 하나? 왜 페미니즘조차 행복을 목표로 삼아야 할까.

기혼여성이 페미니즘을 알아가는 과정은 괴롭다. 배우자와 싸움이 늘었다는 이야기는 굉장히 많다. 페미니즘은 그동안 사랑이라는 이름으로 은폐된 가정 안의 성차별을 드러내며, 여성들의 살갗을 긁는다. 성별 역할 분담을 해체하기 때문에, 부부관계의 기반이 흔들린다.

페미니즘과 주부, 아내, 엄마의 역할이 양립할 수 있을까? 기혼여성들은 페미니즘을 어떻게 수용하고 비판해야 하는가?

페미니즘으로 각성해 가정 불화를 일으킨 가정주부의 계보는 베티 프리단의 《여성성의 신화》*(1970년대)로 거슬러 올라간다. 이 책은 폭로했다. '온종일 마룻바닥에 왁스를 바르고 가족을 기다리며 따뜻한 가정식 요리를 준비하는 걸, 행복이고 지복이라고 여겼는가? 그대들은 노예들이라네.'

사랑스러운 아이들과 든든한 남편이 있는 주부들이 무기력증이나 우울증을 앓고 있음을 드러냈다. 이들이 겪는 '이름 없는 병'은 가정 안에서 가둬지면서 생겨난 증상이라고. 페미니즘은 교외의 중산층 가정을 파고들었고, 이혼은 급증했다.

---

* 베티 프리단, 《여성성의 신화》, 김현우 번역, 갈라파고스, 2018년

여성들은 일자리를 구하러 뛰쳐나갔다. 마침 닥친 인력난은 여성들의 구직을 두 팔 벌려 환영했다.

사회로 나간 여성들은 승승장구 했을까. 그들은 슈퍼우먼이 되어야 했다. 돌봄은 남성이 아닌, 흑인 여성과 이주 여성의 몫이 되었다. 반동이 일어났다. 가정의 행복을 지키고자 하는 노력이 중산층 여성 내부에서 생겼다. 2000년대 이후 미국에서 일어난 '하우스와이프 2.0'* 현상이다. 여성들은 직장 대신 집으로 돌아간 선택을 '자기 브랜딩' 서사로 포장했다. 홈스쿨링, 수공예, 자급자족 생활을 미화했다. 실상은 남성 가장의 소득에 의존했음에도.

2020년 이후, SNS을 중심으로 '트레드 와이프'**가 등장했다. 화려한 저녁상을 차리고 정갈한 옷차림과 화장을 한 채로 남편의 퇴근을 기다렸다. 아이를 잘 키우는 일을 최우선 과제로 삼았다. 그들은 소셜미디어에 그 모습을 올리며 전통적인 아내 역할을 선전했다. 모든 건 자발적으로 선택한 것이다.

주부로서 만족한 여성들은 페미니즘을 비판했다. '페미니스트들은 주부를 타자화시킨다.' 페미니즘에서 '가사노동은 가치

---

* 에밀리 맷차, 《하우스와이프 2.0》, 허원 번역, 미메시스, 2015년
** Jacqueline Beatty, 〈The Truth About the Past That 'Tradwives' Want to Revive〉, TIME, 2024.4.22.

절하되고 있다'고 해도 '흥, 난 행복한데?'라고 말했다. 아이를 돌보고 배우자를 내조하는 일도 충분히 행복하다고 했다.

아메드의 표현에 따르면 '행복한 가정주부'들은, 스스로를 "뭔가를 빼앗긴 소수 주체"처럼 여겼다.* '나는 행복한 주부야'라는 발화 자체가 '주부는 불행하다'는 통설에 반론이라고 되는 듯 말이다. '우린 차별받는 존재라 할 수 없다, 배우자와 다른 역할을 하며 살고 있다.'

한국에선 페미니즘 대중화와 함께, '행복한 페미니스트 주부들'이 등장했다. 래디컬 페미니즘은 이성애 핵가족을 가부장제의 핵심이라 비판했고, 결혼은 남성 지배 체제에 대한 공모라고 일갈했다. 결혼했고 주부이기까지 하면서 페미니즘을 수용했다면, 반박하고 싶어진다.

'나의 결혼은 가부장제와의 결탁이 아닌 사랑이었다.' '배우자는 나의 글쓰기를 이해하고 배려해준다.' '페미니즘은 여성의 사회참여만 주장하지 않는다. 아이들에게 성평등 의식을 심어주는 일도 가정의 몫이다.' '결혼이나 육아를 겪어보지 않

---

* 사라 아메드, 〈2장. 분위기 깨는 페미니스트〉, 《행복의 약속》, 성정혜, 이경란 번역, 후마니타스, 2021년, 98~99쪽 참고

고서, 함부로 말하지 말아라.'

나의 이야기다. 페미니즘이란 파도가 밀려왔을 때, 부정당하고 싶지 않았다. 휩쓸려 지워지고 싶지 않았다. 기혼여성과 페미니즘이 공존할 수 있음을 증명하고 싶었다. 찾아낸 건 배우자와의 가사 협력이었다. 배우자와 가사노동과 양육을 나눌수록 부부 사이가 평등해지고 나아가 관계도 나아질 수 있다는 뉘앙스의 이야기를, 글이나 말로 여러차례 하곤 했다. 페미니즘에 대한 거부감을 완화시키려 했다. 기혼여성이 페미니즘을 알면 불행해진다는 통념을 깨고 싶었다. 그러면서도 말로 또렷하게 표현할 수 없는 잔여물이 있었다. 인터뷰 기사에서 페미니즘과 행복이 같은 문장에 배치되자 깨닫게 된 것이다.

'이건 아닌데'라는 생각이 퍼뜩 들었다. 첫 번째 이유. 페미니즘과 성평등 의식은 우리 가족에게 행복을 주지 않았다. 부부끼리 암묵적으로 동의해 오던 성별분업에 금이 갔고, 남자와 여자 사이의 기대나 환상을 잡아 뜯어냈다. 배우자에게 언성을 높였다. 싸움 없는 날이 단 하루도 없었다.

두 번째, 나에게 자리했던 특권의식을 보았다. 페미니스트면서도 흔들림 없는 결혼생활을 과시하고 싶은 마음을 들켰다. 위태로울지언정 그럭저럭 유지되는 결혼에 은근히 안도했다. 페미니즘이 가져올 불행에서, '나만은' 비껴갈 수 있다고 자만

하고 있었다. 행복이라는 말이 기만을 덮고 있다는 걸, 모른 척했다. 모든 행동을 행복으로 귀결하는 한, 벌어지는 일은 어쨌든, 안심해도 됐다.

 행복이 맞든 틀리든, 그건 중요하지 않다. '당신들은 행복을 명분으로 삶을 속이고 있어요'라는 폭로로 아니다. 그보다 왜 모든 게 행복으로 수렴하느냐다. '페미니즘 덕분에 가족 관계가 재미있어졌어요'란 말은 왜 없나? 왜 하필이면 행복일까.
 아메드가 주장하는 바는 행복은 관습적이라는 것이다. 행복은 사회적 합의이며 좋은 삶을 대표한다. 좋은 삶의 기준은 사회 구성원으로서 승인받는 데 있다.
 '나는 행복한 주부다, 엄마다, 우리는 행복한 가족이다'라는 선언은, '사회가 안전하다고 말하는 관습 안에 있으며 이방인이나 아웃사이더가 아니다'라는 공표이기도 하다. 나에게 적용하자면, '페미니스트이지만 사회에 잘 적응했다, 위험한 존재가 아니다'라는 말이었다. '페미니즘 의식은 받아들이지만, 결혼제도가 보장하는 기득권도 놓고 싶지 않다'는 의미이기도 했다.

불행할 자유

 행복은 왜 만능키처럼 작동할까. 18세기에 루소가 쓴 《에밀》에서부터 주부의 행복은 이미 중요했다.* 그는 주인공 소피를 통해 여성이 남성을 행복하게 해야 한다고 말했다. 남을 행복하게 해주는 여성이 스스로 불행하면 쓰겠는가. 행복한 주부만이 가족을 행복하게 할 수 있다.

 앞에서 행복은 합의이며 관습이라고 했다. 행복은 혼자 이룰 수 없다. 행복은 타인과 하나가 되는 지점에서 나타난다.

---

* 앞의 책, 102쪽

가족에게 강력한 행복 대상 중 하나는 '가족 식탁'이다. 배우자는 고기를 먹어야 행복한데, 나는 고기에 아무 감정이 없다면 행복을 공유할 수 없다. 대상을 다른 걸로 바꿀 수도 있다. 공부일 수도 있고, 섹스나 결혼일 수도 있다.

그 결과, 이런 말이 나온다. '당신이 행복해야 내가 행복하다' '바라는 건 당신의 행복뿐이야.' 루소로 돌아오면, '여자는 행복해져야만 한다. 그녀의 행복이 곧 가족의 행복이니까.'

21세기 육아 현장에선 달라졌을까? 내 또래 여성들은 엄마의 희생을 당연하게 생각하지 않는다. 모성애에 얽매이지 않을 명분으로 엄마의 행복이 부상했다. 육아 에세이마다 단골처럼 등장하는 말. '엄마가 행복해야 아이가 행복하다.' 정말 엄마들은 행복해졌을까? 육아템은 쌓이지만, 다크서클은 짙어진다. 루소의 맥락을 이해하고 나면 엄마의 행복은 결코 자율이나 자유가 아님을 알 수 있다. 의무와 책임의 다른 말이다. 여성에게 주어진 역할은 바뀌지 않았다.

묻고 싶다. '불행하면 안 돼? 불행하면 큰일 나?'

모두가 합의하는 대상에, 섞여 들어가지 못하는 이들을 일컫는 말이 있다. '트러블 메이커.' 트러블 메이커들은 시큰둥하게 반응한다. 그들은 질문한다. 왜 공부해야 해? 왜 결혼해야 해? 왜 가족끼리 같이 밥을 먹어야 해? 다른 이가 좋다고 여기는 것이, 나에게도 좋은 건 아니라고 말한다. 행복 대상에 공감하기를 거부하고 같이 웃지 않는다. 흥을 깬다. 다른 사람의 행복을 방해한다. 다수의 사람들은 트러블 메이커를 뜯어고치려 한다. 성 정체성을 부인하라고, 숙녀가 되라고, 결혼을 하라고. '네가 행복했으면 좋겠어.' 그 한마디는 모든 걸 명분화했다.

그들의 존재는 불화만을 남길까? 여기에서 사라 아메드의 새로운 정치적 존재론이 나온다. 아메드는 행복에 저항하자고 말하지 않았다. 그건 행복을 강화할 뿐이니까. 대신 행복의 불안정성을 고스란히 드러내는 방식을 제안한다.*

사람들은 곧잘 타인을 비난하거나 본인을 변호하는 데 행복을 이용한다. '행복해 보이지 않습니다' 또는 '나는 행복합니다'라는 말은 듣는 이의 입을 다물게 만든다. 행복이 좋은 삶의 지표이기 때문에, 행복하다는 선언은 스스로 선을 갖춘 존재임을 드러낸다. 스스로 선하다고 말하는 사람에게 다른 무슨 말이 필요할까. '좋으시겠어요.' 거기서 대화는 끝난다.

왜 자꾸 행복하다고 말할까. 행복을 바란다는 건, 어떤 약

---

* 〈결론-행복, 윤리 가능성〉, 앞의 책, 369쪽

속을 붙잡고 있음을 보여준다. '나는 행복한 무엇이다'라는 선언은, 확신을 위해 노력 중이라는 걸 증명하는 행위이기도 하다. 왜냐하면, 그만큼 얻기 어려우니까. 행복을 강조하는 이들일수록, 그것이 얼마나 쉽게 무너질 수 있는지 안다. 그걸 인정하지 않을 뿐. 그래서 자주 말한다. 붕괴되기 전에. 절대 목표인 행복은, 이토록 취약하다.

행복을 목표로 하지 않으면 어떻게 될까? 사람들이 좋다고 하는 것이 나에게도 좋은지, 나에게 필요한 건 무엇인지 묻게 된다. 행복에서 멀어지면 가능성이 생긴다. 그 가능성엔, 즐거움은 물론 두려움까지 포함된다. 정해진 길을 이탈하기 때문이다. 그만큼 새로운 곳을 향한다.

> "행복을 옹호할 대상으로 상정하지 않으면 우리는 삶에 대해 다른 질문을 던질 수 있다."*

실컷 행복을 비판하는 나는, 행복을 얼마나 다르게 썼는지 실토해야겠다. 《이상하고 쓸모없고 행복한 열정》에는 행복이라는 단어가 들어간다. 책 제목을 두고 편집자와 출간 직전까

---

* 앞의 책, 392쪽

지 고민했다. 행복을 새로 정의해야했다. '열정'이라는 단어는 영어의 'passion' 뜻에서 알 수 있듯이, '수난'의 의미를 가지고 있다. '이상하고 쓸모없고 행복한 고생(고난)'일 수 있는 이유다. 행복은 즐거움뿐 아니라 고통의 가능성까지 연결된다. 이 책에서 행복은 충만하고 안정된 상태가 아니라 언제나 불안한다. 위태롭다. 이상하고 쓸모없다는 수식어가 말해주듯, 쓸모없이 사라지는 행복이다. 그 무엇도 성과로 남지 않으니까. 하지만 행복은 그것의 불안정함 때문에 소중하다.

글의 출발점으로 돌아오자. 가족 안에서의 행복을 부정하지 않는다. 다만 총체적으로 '행복한 가족'이라거나 '행복한 아이', '행복한 부부', '행복한 페미니스트'라는 말은 불가능하다. 어느 순간이 행복하다고 해서, 그 전체를 행복이라고 할 수는 없다.

행복을 도달할 목표로 설정하지 않으면, 무엇을 따라가며 살아야 할까. 막막함이 올라온다.

나는 불행감이 몸을 휘감을 때, 흘러가기를 기다렸다. 제거하기보다 가지고 갈 일부로 여기기로 했다. 생의 추동력으로 행복 대신 호기심을 따랐다. 그러자 삶에 만족감 대신 역동이 생겼다. 행복한 가족을 포기한 만큼 행복 대상을 공유하지 않게 되었고, 가족구성원들은 자율을 얻었다. 불화를 불행이 아닌, 생활의 일부로 받아들이며, 평온보다 흥미진진한 불편 속에 살게 되었다.

행복을 말하려면, 세밀하게 썼으면 한다. 아이들이 건강하고 배우자와 아끼며 산다면, 내가 말하는 행복이 가리키는 감정을 정의해 보자. 아늑함인가, 적응됨인가, 안도감인가.

행복하지 않다면 망했다고 쉽게 결론내지 말고 모호함을 살핀다. 그 불확실함 속에서, 몸을 조금씩 움직이며 삶을 조율해 본다. 어디로 갈지 모른다고 해도. 행복의 보장이 없다고 해도.

마지막으로 행복이라는 말을 글에서 죄다 지워보라. 행복을 쓰고 싶을 때마다 멈칫하며 나를 세운다. 행복 대신, 다른 단어를 떠올린다. 행복해지기를 빼고 쓰는 글은, 나를 다른 어딘가로 데려갈 것이다.

10

연대보다 고독을

피드백이 고픈 밤

어디에도 내 말을 털어놓을 수 없을 때 글쓰기 욕구가 치솟는다. 글을 쏟아낼 땐 외로운 줄 모른다. 후련하고, 감미롭기까지 하다. 고독은 글쓰기에 필수다. 그러나 고독이 언제나 달콤하지는 않다. 외로움은 이후에 찾아왔다. 거침없이 토한 글을 퇴고할 때다. 감정 과잉은 낯뜨겁다. 문장은 지저분하다. 자신만만하게 내지른 주장엔 회의가 든다. 내 글이 쓰레기 같다는 자학까지 더해지면, 고독해야 가능한 작업이라고 큰소리치던 일이 무색해진다. 누군가를 붙들고 징징거리고 싶어진다.

편집자에게 일정을 체크하는 메일이 오면 이때다 싶어 냅다 사정한다. 마감을 늦춰달라고. 온라인 어딘가에 글쓰기의 고

뇌인 양 하소연을 늘어놓는다. 누군가 요즘 무슨 글을 쓰냐고 물어보면 그의 손을 덥석 잡고 신나서 떠든다. 상대가 반짝이는 눈빛으로 출간을 기다리겠다고 말하면, '잘 될지 모르겠어요'라고 겸손을 떨며 대답하지만, 속으론 좋아 죽는다.

길 잃은 어린 양을 이끌어줄 나의 피드백 요정은 어디 있나. 만사 제치고 글을 읽으며, 날카롭게 반응해줄 동료를 만나고 싶다. 잘 쓴다고 칭찬해 주고, 다정하고 신중한 어투로 조언까지 해준다. 그럼 구름 위에 두둥실 올라탄 듯 헤벨레 웃으며, 글쓰기를 계속할 수 있을 것이다.

현실은 이렇다. 글 쓰려고 스타벅스에 갈 때마다 콜드브루 라테 두 잔을 퍼마신다. 즉각적인 반응이 오는 인스타그램이나 블로그에 일상 글이나 책 후기를 쓴다. 공감 하트가 한 개 늘어 누군가 나를 지켜봐주고 있음을 실감하면, 불안과 헛헛함은 반짝, 도파민으로 가려진다. 쾌감은 강하지만 지속은 짧다. 30분마다 인스타그램 스토리를 올린다.

글을 쓰며 괴로울 때마다 관계나 연대라는 말을 떠올린다. 나는 '연대'가 없나? 여태 이거 하나 못 만들고 뭐 했나?

언젠가부터 특정 사안에 관해 쓴 글을 읽고 동의하면 '연대합니다'라고 말하는 경우가 많았다. 온라인으로 글쓰기나 독서모임을 해도 '연대'라고 했다. 예전의 노동운동이나 학생운동처럼, 주먹을 불끈 쥔 시뻘건 이미지의 연대가 아니었다. '느슨한 연대'*라고 했다. 이 말엔 결속을 위한 역할은 요구하지 않으면서, 어려움을 토로하면 들어준다는, 사려 깊은 보살핌의 뉘앙스가 담겨 있었다. 나도 그 안에 있고 싶었다.

그런데 어딘지 서걱거렸다. 누군가 '연대감'을 표현하면 깊은 안도를 느끼면서도, 갸우뚱했다. 그 자체로 정의롭고 올바른 이 말에, 감히 삐뚤어진 의문을 꺼내면 안 될 것 같다.

용어 선택은 엄밀히 하고 싶다. 연대란 원래 전략의 언어다. 목적을 위해 결집하고, 달성되면 해산한다. 친교와 거리가 멀다. 요즘 사용하는 연대는 '연결'에 가깝다. '랜선 친밀감'이라는 말처럼 한 번도 만나본 적은 없지만, 댓글을 달거나 공감 버튼을 누르며 '연결된 기분'을 느낀다. '혼자가 아니다'는 감각에 안심한다.

누구보다 온라인 연결을 좋아하고 적극 활용하면서, 이를 물고 늘어지는 건 이중적이다. 꺼림직함을 해명하기 위한 글이니 더 써보겠다. 연결이 무의미하다는 게 아니다. 누군가의 활동을 보면서 용기와 힘을 얻기도 하니까. 다만 내가 느끼

---

* 공인호, 〈우리는 왜 '느슨한 연대'에 주목하나〉, 매거진한경, 2020.02.25

는 삐딱함은 용기와 힘을 얻는 '기분'에 그치는 데 있다. 나야말로 그런 기분을, 외로움을 해소하는 도구로 써왔다. '사람이 좋아서 한다'는 말에 어딘지 멈칫했던 이유. 연대의 목표보다 잿밥에 더 관심이 있는 건 아닌가. 그 말에 누구보다 안심했던 나였지만 말이다.

외로운 사람끼리 불안함을 누그러뜨리기 위해 만나는 것, 왜 안 되냐고 물을 수도 있다. 된다. 유익하기까지 하다. 나도 좋아한다. 그럼에도 그 행위를 '연대'라고 부르는 건 다른 성격의 일이다.

공감이라는 마취제

연대의 맹점을 날카롭게 지적한 이들이 있다. 한나 아렌트와 메리 메카시다. 《터프 이너프》는 한 챕터를 할애해, 두 사람의 관계와 그들이 생각한 연대 방식을 다뤘다.

아렌트가 쓴 《예루살렘의 아이히만》은, 출간 후 유대인 사회의 혹독한 비난을 받았다. 유대인에 대한 공감이 결여되어 있다는 것이 이유였다. 아렌트는 이렇게 말했다.

"유대인을 사랑하지도 않고 믿지도 않습니다. 그 어떤 집단도 사랑한 적이 없습니다. 저는 '오로지' 친구들을 사랑하며 내가 알고 믿는 유일한 종류의 사랑은 개인에 대한 사랑입니다."*

 나치 탄압을 피해 망명했던 유대인 아렌트가 이런 말을 했다는 건 충격이었다. 보통 이런 상황에선 유대인의 결집을 주장하기 마련이니까. 아렌트는 스스로 피해자이기를 거부했으며, 피해자끼리의 연대조차 부정적으로 보았다.

 한나 아렌트와 메리 메카시는 "강렬한 사고 경험을 제공하는 연대감"**이 일종의 마취제와 같이 작용한다고 평가했다. 소외된 집단의 연대감을 특히 위험하다고 판단했다. 피해자들이 유대감을 형성하려면 서로의 처지에 공감해야 한다. 그러나 아렌트가 보기에, 연대가 주는 온기는 세계에 예민하게 반응하지 못하게 했다. 온기가 흐르면 감각은 무뎌진다. 공감으로는 현실을 직면할 수 없다.

 비슷한 경험을 공유한 이들의 친밀함은 결속을 주지만, 다른 집단과 차이가 보일 때면 방어기제를 발동한다. '너는 우리를 모르잖아.' '겪어보지도 않았으면서.' 껄끄러운 차이를 실감시키는 타자를 배척한다. 결국 인식을 바꿀 기회를 잃는다.

---

* 데보라 넬슨, 〈2. 한나 아렌트〉 참고, 《터프 이너프》, 김선형 번역, 책세상, 2019년, 129~139쪽
** 〈3. 메리 메카시〉, 앞의 책, 191쪽

이 사례는 정치적인 맥락이지만, 나의 글쓰기를 돌아보게 한다. 나도 '네가 맞아'라는 말만 듣고 싶은 건 아니었나.

아렌트는 공감이나 동질감 아닌 방식으로 현실과 대면하자고 했다. 행위하는 사람들 '사이'에서 발생하는 거리를 연대의 전제로 보았다. 이 거리는 우리가 서로를 완전히 이해할 수 없다는 인식, 즉 차이의 실감에서 비롯된다. 쉽게 공감하거나 동의할 수 없는 차이가 나를 사유하게 한다. 사유는 안정된 정체성이나 방어기제를 굴복시킨다. 자기 변화로 몰아가는 위험한 물음이다.

외로움을 나눌 이가 없다는, 그 서걱거림과 거리감은 스스로를 낯설게 보게 한다. 내 생각에 안심하지 못한다. 인정받지 못하는 만큼 틀릴 수 있다는 가능성을 불안하게 쥐고 있어야 한다. 그건 고통스럽지만 나를 변화시킨다.

고독solitude은 외로움loneliness과 다르다. 고독은 '나 자신과 교제하는 실존적 상태'다. 사유를 하려면, 타인과 만족스럽게 어울리는 상태에선 어렵다. '우리는 하나'라고 외치는 순간, 사유는 필요없다. 사유에는 질문하는 나와 응답하는 나, 둘로 분리된 자아가 필요하다. 고독 안에서만, 나 자신을 동료로 호출할 수 있다. 아렌트에게 연대란, 서로 같을 수 없음을 인정하면서, 함께 사유할 수 있는 거리를 유지하는 것이었다.

오드리 로드가 떠올랐다. 그는 "차이는 힘을 벼려낼 연결점이자 원료"라고 했다.* 분열을 피하려고 차이를 덮는 대신 내면화된 억압부터 성찰하자고 했다. 그 억압이란 다른 사람이 나에게 기댄 환상이자 이미지다. '너는 이렇잖아.' 우린 때론 타인이 씌워둔 이미지를 인정으로 착각한다. 그런 기대를 무너뜨리고, 내가 지닌 차이에서 나를 재정의하는 것. 차이는 분열이 아니라 지평이 넓히는 힘이 된다.

메리 메카시와 한나 아렌트는 둘도 없는 절친으로 유명했다. 둘 다 연대에 거리를 둔 만큼, 그 우정도 서늘하기 짝이 없었다. 메카시가 아렌트를 저녁 식사에 초대해서 아렌트가 좋아하는 음식을 준비해 놓았지만, 아렌트는 모른 척했다.

'당신이 나에 대해 안다고?'

---

* 오드리 로드, 〈주인의 도구로는 결코 주인의 집을 무너뜨릴 수 없다〉, 《시스터 아웃사이더》, 후마니타스, 2018년, 177쪽

인정을 기다리는 마음

 한나 아렌트와 메리 메카시는 멋있다. 그럼에도 여전히 연대라는 말엔 의지하고 싶은 무언가 있고, 공감이 아니라면 무엇을 윤리로 채택해야 할지 혼란스럽다.

 페미니즘을 공부하면서 고립된 섬에서 살아가던 여자들일수록, 어떤 방식으로든 만나야 한다고 믿었다. 말로, 글로, 고민을 나누며, 연대라며 자신했다.

 하지만 시간이 갈수록 발견한 건, 여자들은 '같다'가 아니라 '다르다'였다. 공통점을 확인할 때 생긴 호감은 금세 사라졌다. 어려움을 나누고 위로하는 자조는 예열을 도울 뿐이었다. '어떻게 살아야 하는가'는 각자의 몫이었다. 연대가 아예 없었다고 말할 수 없다. 그러나 나를 승인해 주는 곳이 있다는 안도감에 잠시 취했던 건 아닐까.

이 점을 예리하고도 아프게 지적한 이가 있다. 《생명의 여자들에게 엉망인 여성해방론》을 쓴 일본의 1세대 페미니스트, 다나카 미쓰다.

'연대를 구하되 고립을 두려워하지 말라.' 여성해방투쟁의 슬로건이었던 이 말을, 다나카 미쓰는 다시 풀이했다.

"남이 나를 알아줬으면 하는 마음은 걸인의 마음이다."*

고립된 여자들이 모이면, 함께 있다는 자체로 처음엔 위로받는다. 다나카는, 평온할 거라는 기대는 하지도 말라고 일갈했다. 친밀해졌다는 이유로 안식을 구하는 건 우스운 일이다. "누군가 호의로 건네는 모포 한 장, 귤 한 봉지"에 의존하며.**

공동체 생활을 하면서 겪은 일화를 소개했다. 한 멤버가 맡은 일을 대충 하고 같은 실수를 반복했다. 자칫하면 큰 불이

---

* 다나카 미쓰, 〈1. 여성해방이란 무엇인가〉, 《생명의 여자들에게 엉망인 여성해방론》, 조승미 번역, 두번째 테제, 2019년, 83쪽
** 〈5. 신좌익과 여성해방〉, 앞의 책, 292쪽

날 뻔했다. 그는 화가 나서 멤버의 뺨을 때리고 말았다. 알고 보니 멤버는 어릴 때부터 엄마가 시키는 대로만 해왔고, 공동체에선 다나카가 엄마 역할을 해주길 바라고 있었다. 다나카 미쓰는 그를 내버려두기로 했다. 스스로 책임지게 됐다.

다른 일은 글쓰기였다. 다나카 미쓰는 동지들이 쓴 글을 몇 줄 읽지 않고 '못 읽겠다며' 물리곤 했다. 읽고 싶지 않은 글이라도 애써 읽어주고, 머리도 쓰다듬으며 잘썼다고 말해줄 수 있지만, 그렇게 하지 않았다. 왜 그랬을까.

글쓰기 자체가 지식인 남자들의 전유물이었던 1970년대 일본, 여자들에겐 경험을 표현할 언어가 빈곤했다. 쓰더라도 '하소연 대잔치'가 되고 말았다. 다나카는 탄식에 머물지 않고, 생각을 응축해 훌쩍 날아오르기를 바랐다. 이런 저런 핑계를 대며 슬그머니 꽁무니 빼는 문장을 읽으면 다시 써오라고 했다. 그런 글을 써왔는데도 글쓴이를 다독여준다는 건, 왕자님 역할을 받아들이고 마는 거라고 여겼다.

> "누군가를 일깨우고 싶다는 마음은 누군가가 나를 일깨워줬으면 하는 마음과 같다. 나를 구해 줄 왕자님을 기다리는 눈에는 보일 것도 보이지 않는다. 이러고 있을수록, 여자의 자립은 더 먼

이야기이다."*

누군가 나를 깨우쳐주거나 이끌어주길 기다리는 마음. 공동체에서 흔히 빠지는 감성이다. 자신을 가르치거나 계몽시켜주길 기다리는 만큼, 한 발 빼려고 엉거주춤하게 된다.

남의 인정 속에서 쉬려는 태도, 타인이 나를 그저 인정해주길 당연시하는 태도는 위태롭고 안일하다. 스스로 묻자. 어떻게 살고 있고, 어떻게 살고 싶은가. 함께 있어도 손을 뻗을 수 없는 그 간극의 공간. 그 서늘한 자리에 설 때야 물을 수 있다.

'나는 지금 무엇을 하고 있는 거지?'

---

* 앞의 책, 294쪽

고독의 글쓰기

　우정이나 연대엔 공감이 반드시 있어야 한다고 생각해 왔다. 고독을 사랑했지만 관계와 고독이 양립해도 될지 확신이 없었다. 공통의 문젯거리가 완화되고, 차이가 드러나며, 열기가 식어갈 때, 그 허전함을 잘 견디지 못했다.

　연대이든 연결이든 전제는 혼자됨이다. 혼자라는 사실을 실감하면 고통스럽다. 혼자됨을 괴로움이 아니라 고독으로 전환되려면 어떻게 해야 할까.

　《명랑한 은둔자》에서 캐럴라인 냅은 고립과 고독의 차이를 다음과 같이 썼다. 고립은 누군가로부터 도망치고 싶은 상태다. 혼자만의 공간에 갇혀 있다. 고독은 혼자만의 공간을 스스로 선택한다.* 고립이 고통을 준다면, 고독은 즐거움을 준다. 고독 역시 쓸쓸하지만, 묘하게 쾌락적이다.

똑같이 혼자인데 왜 어떤 상태는 외로움이 사무치는 고립이 되고, 어떤 것은 즐거움을 주는 고독이 될까. 회피냐 선택이냐만으로 구별하기엔 여전히 막연하다. 고립을 고독으로 전환할 다리가 필요하다. 나는 그 다리를 열정이라고 본다.

언젠가부터 '열정페이'라는 말처럼, 열정은 보상 없는 헌신을 요구하는 의미로 오염되었다. 그러나 다르게 풀어내고 싶다. 열정은 과잉의 에너지라고.

우린 남들의 인정, 관심을 습관처럼 바란다. 글쓰기에서도 자주 벌어진다. 비판을 예상하며, 예리하던 어투를 두루뭉술하게 고쳐버린다. 그런데 내 속의 깊은 곳 어딘가에선 그것과 어긋나고 싶은 에너지가 꿈틀댄다. '꼭 그렇게 해야 해? 왜?' 적절함에 적응하지 못하고 넘치는 무언가가 있다. '써도 될까? 써야만 할 것 같은데? 그냥 쓰자.'

꿈틀거리는 욕망을 좇다 보면, 깊고 좁은 곳으로 들어간다.

---

* 캐롤라인 냅, 〈명랑한 은둔자〉, 《명랑한 은둔자》, 김명남 번역, 바다출판사, 2020년, 48~49쪽

그때 과잉이 발생한다. 하지 않아도 되는데 기어이 더 나가버린다. 결국 적정함과 어긋난다. 번듯하고 그럴 듯한 성취를 이루기엔 틀려먹는다. 정신 차린 후에, 너무나 멀리 온 자신을 발견한다.

이때 세상이 알아주지 않는 초과와 과잉과 잉여를 수용하는 건 오롯이 내 몫이다. 누가 하라고 했나. 나 혼자 했다. 자책하지 않고 세상을 원망하지 않으려면 어떻게 해야 할까. 쓸데없는 데까지 나아갔기에 버려지고만 부분을, 상처 핥는 쾌감처럼 즐겨야 한다.

어떻게 해야 충만하게 살 수 있을까. 오래 고민했다. 충만함은 채워짐이 아니었다. 당연히 무언가 소유하는 일도 아니었다. 충만함이란 몸 안에 무언가가 넘칠 듯 찰랑거려 버겁지만, 벅참과 긴장감으로 저릿한 순간, 잠시 느껴지는 감각이었다. 열정이란 과잉이 불러온 쾌감이었다. 충만함은 언제 그랬냐는 듯 흔적 없이 지워진다. 하늘을 거룩할 만큼 새빨갛게 물들였던 태양처럼.

누군가와 만난다는 건 각자의 홀로됨을 즐기다 우연히 접속하는 일이다. 외로워서 연결을 찾아도 좋고, 누군가의 댓글이나 '좋아요'에 따뜻해져도 좋다. 치열하게 싸워야 할 문제에 협력해도 좋다. 그러나 그 모든 것은 나를 지속적으로 채워주지 못한다. 그걸 이제는 안다. 하지만 순간에 몰입한다면, 서걱거리는 차이를 느끼더라도 '결국 나와 다른 사람'이라는 구별로 밀어내지 않는다. 받을 것을 끊임없이 재며 꽁무니 뺄 채비를 하거나, 누군가의 승인을 기다리지 않을 수 있다.

글쓰기의 외로움 역시 아무도 해결해 줄 수 없다. 외로움이란 구멍을 채워야 할 결핍으로 보지 않고, 무언가 지나갈 수 있는 환기통으로 보면 어떨까. 틀어막을 빈틈이 아닌, 잠시 꽉 찼다가 흔적 없이 사라질 곳으로 본다면, 그 무언가는 열정이 되고, 비어 있는 공간은 얼어붙은 고립이 아니라 고독의 즐거움으로 은은히 찰랑거린다.

서늘한 고독 속 몸부림이 열정의 기포가 되어 슬쩍 흘러넘칠 때, 다른 이들과 연결이나 연대가 발생한다. 차이와 간극을 있는 그대로 볼 수 있게 되어서다. 유용함이 없어도 괜찮다. 이걸 알고 쓰는 글이라면 남의 인정이나 칭찬을 곁눈질하지 않고, '어떻게 살 것인가'부터 담담하게 마주하게 될 테니.

(11)

엉망에는 엉망으로

페미니즘도 말하지 못한 것

 지난 10년 동안 내 한 몸 책임지는 벌이와, 공부와 글쓰기에 필요한 시간을 필사적으로 확보해 왔다. 아이를 키우면서도 혼자 있는 시간을 갖기 위해, 가사노동뿐 아니라 육아노동까지 최소화했다. 조부모님의 도움이나, 이모님 3종 세트(로봇청소기, 건조기, 식기 세탁기)는 들이지 않았다. 양말과 속옷, 수건은 개지 않고, 식사는 반찬 없는 한그릇 '조리'가 기본이다. 엄마표 학습 같은 것도 하지 않았다.

 '음식은 배고픈 사람이 차려먹고, 어지른 자리는 스스로 치운다'는 가족 생활 지침이다. 감정 능력이 부족한 배우자를 애써 가르치며 애무하려던 시도를 관뒀다. 각방 11년차. 한 명씩 시간을 나누어 아이를 보았다. 한 집에서 사는데 필요한 일만 한다면, 시간을 보내는 방식은 저마다의 자유다. 이런 덕에 '혼자'라는 마음가짐을 지니게 되었다. 외로움보다는 홀가분함을 느낀다. 마땅히 요구되는 역할을 태연히 무시할 만큼 자유롭진 않다. 이런 삶을 수용하게 된 데엔 페미니즘 덕이 크다. 엄마나 여자로 기대받는 역할을 성실히 수행하지 않아도 죄의식에 휩싸이지 않을 힘이 생겼다.

내가 알게된 것을, 글로 말로 꾸준히 전했다. '이게 맞다, 정답이다'라고 하진 않았다. '무엇을 했다'를 말했다. 어려움 나누다 보면, 열렬한 공감대가 이루어졌다. 그런데 '무엇을 어떻게 할 것인가'란, 실제 선택에선 턱턱 걸렸다. 과격하다고 하는 이도 많았다. '이혼'당하면 당장 생계는 어떻게 하라는 것이냐, 애를 방치하란 말이냐, 누군가는 돌봐야 한다….

반발감이 거세게 일어나는 지점은 경제활동이었다. 여성의 경제적 자립을 전제하는 페미니즘은 전업주부들을 압박했다. 아이가 어릴 땐 일을 하지 못하는 합당한 이유가 성립한다. 저녁까지 남의 손에 맡기기엔 마음이 놓이지 않는다. 그러나 집중양육기가 지나고 아이가 10대가 되면 달라진다. 학원 라이딩을 도맡는 대기조로 살지 않는 한 내 시간도 생기며, 혼란스러워진다. 일을 하자니 시간이 부족하고, 안 하자니 시간이 남는다.

내적 타협이 필요하다. '배우자는 내가 집에 없으면 일을 못 해. 아이들에겐 안정감이 중요해. 난 중요한 일을 하고 있어.' '일도 하고 집안일까지 내가 하느니, 차라리 하지 않겠어.'

그럼에도 석연치 않다. 많은 가정이 맞벌이를 하지 않고서는 생계가 불안정하고, 전업주부와 생계부양자라는 분업 시스템은 소수만이 누리는 특권이기도 하니까.

내가 만나온 이들은 대부분 이와 비슷했다. 고학력자들이고, 수년간 일을 한 경험도 있었다. 배우자의 소득도 안정적이었다. 그때부터 고민했다. 꽤나 좋은 환경에 속한 여성들이 무엇 때문에 망설이고 위축되는가. 구조적 성차별을 말하지만 과연 '개인적인' 이유와 일치할까.

'엄마나 아내 역할에 매여 살지 않을 것이다'라고 오만하게 외치면서도 어딘가에서 주저했던 이유. 엄마나 아내로 살면서 겪는 자아 분열과 자기 정당화는 여전히 나의 과제였다. 페미니즘으로 힘을 얻었다고 믿었지만, 혹시 최면을 걸고 있지 않았나. '인간은 모두 취약하니 돌보고 의존하며 살아야 한다'는 윤리적 명제를 빌어, 주저앉고 만족해 버린 건 없었는가.

확신이 없기에 더 강하게 주장했는지도 모른다. 누구보다 얽매여 있기에, '그딴 것 필요 없어, 안 해도 돼'라고 말했다. 내 의존성을 외면하고 있었다.

이 세상 어디에도 없는 여자

《생명의 여자들에게 엉망인 여성해방론》을 쓴 다나카 미쓰. 그는 보기좋게 덮여 있던 의존성의 베일을 홀딱 벗겼다. 그것은 "타인에게 기대어 꿀 빨고 싶은 마음"이라고.*

'꿀 빨고 싶은 마음'은 상호 돌봄과 다르다. 다른 이의 보살핌을 기대하면서, 책임은 감수하지 않으려는 태도다. '어떻게 하면 더 얻을까' '잃지 않을까'를 곁눈질한다. 가지고 있는 걸 움켜쥐려고 비굴해진다. '혹시'라는 기대와 희망으로, 이끌어

---

* 다나카 미쓰, 〈1 여성해방이란 무엇인가〉, 《생명의 여자들에게 엉망인 여성해방론》, 조승미 번역, 두번째 테제, 2019년, 89쪽

줄 누군가를 기다린다.

그가 말한 여성해방은 '성평등'이나 '제도 개혁' 같은 대의가 아니었다. '성평등'을 이루자!' '차별을 철폐하기 위해 제도를 개혁하자!' 같은 내용은 사람들에게도 전하기 쉽고 언론도 좋아한다. 토론을 해도 신이 난다. 그러나 오늘의 저녁 식탁, 오늘 밤의 침대, 이번 달 통장에서 벌어지는 일에서 차별을 거론하는 건 껄끄럽다. 그는 페미니즘이 각자의 불안과 두려움과 연결되지 못했다고 말했다.

다나카는 성평등이라는 대의만으로 표현되지 않는, 우리 안의 어두운 모습을 언급했다. 엉망인 모습을 어떻게 회피하고 있는가, 남에게 기대어 꿀 빨고 싶어 하는 모습이 대의나 명분의 외침으로 어떻게 나타나는가.

책의 배경인 1970년대 일본. 여성해방운동이 막 시작된 때였다. 다나카 미쓰는 여자들을 성적 해소의 분출구인 변소로 규정하는, 운동권 남자들을 날카롭게 비판했다. 〈변소로부터 해방〉이라는 글을 썼다. 그 글은 남자만을 규탄하지 않았다. 여자들이 가지고 있는 '여자로서의 존재 증명'을 날카롭게 지적했다.

존재 증명이란 무엇인가. 예쁘다는 말을 듣지 않으면 불안한 금단 증상. 사랑받고 싶어 교태 부리는 태도. 오르가즘을 선사할 남자를 기다리는 환상. 남자를 통한 자기 긍정까지. 남자의 인정을 갈구하는 행위 전부를 일컫는다. 이런 모습은 다나카 그 자신이기도 했다. 그는 존재 증명을 둘러싼 여자들의 인정 투쟁과 자아 분열을 '엉망인 모습'이라고 말했다.

자신의 엉망인 모습을 날것 그대로 밝히는 글은 거칠다. 고백도, 내면적인 반성도 없다. 초연한 척하며 질문만 던지다 흐지부지 끝내지도 않는다. 어쩔 수 없음을 항변하는 자세도 없다. 그 누구도 아닌 스스로와 엎치락 뒤치락 치고 박는다.

책의 서두에서 그는 친언니를 언급했다. 언니는 남편과 사이가 좋지 않았고 그 화풀이를 큰아들에게 해왔다. 아들은 툭하면 "엄마 죽어!"라고 악을 썼다. 언니가 이 사태를 완전히 체념한 건 아니었다. 그러나 문제 해결을 위한 노력도, 이혼 준비도 하지 않았다. 이에 다나카는 언니에게, "그렇게 살 작정이면 부양해 줘서 고맙다고 공손히 대해!"라고 빈정대며 말하고 만다. "남편에게 먹이를 받으며 사육당하는 자신의 비참함"이라도 제대로 알라며.*

---

* 앞의 책, 20쪽

왜 그랬을까. 언니의 모습에서 자신의 취약점을 본 것이다. 그가 만나온 여자들은 현재를 바로 보려 하지 않았다. '우리는 어떤 상황에 있는가, 무엇이 여자를 여자이게 하는가'를 직면하지 않았다. '괜히 여자로 태어났다'라고만 생각했다. '속 썩이는 남편이라도 없는 것보단 있는 게 낫지'라고 받아들이고 말았다. 여자로 살기를 그만두겠다고 결단하지 않았다. 여자라는 사실을 인정하지 않고 있었다. 남자의 인정으로서만 자기를 추구해야 했던 "여자들의 역사성"을, 정작 여자들은 외면하고 있었다.

남자의 인정이란 무엇인가. "세상 어디에도 없을 여자"가 되는 일이다. 다르게 풀어보면, 대체할 수 없는 엄마, 배우자의 부양 속에 편히 사는 아내, 남자에게 사랑받음으로 존재 결핍을 채우는 여자다.

이런 여자가 되는 일이 가능하긴 한가? 대체불가능한 엄마란 없다. 자식들은 엄마 없이도 산다. 왕자와 결혼한다 한들 그의 부양 속에 마음 편히 살 수 없다. 존재에 대한 완벽한 인정은 신도 해줄 수 없다. 그러나 까딱하단 그런 환상을 쫓으며 살아온 것이, 여자의 역사성이었다.

여자들이 가정에 매몰되는 건 경제적 자립을 못 해서일까?

다나카는 약자들이 스스로를 주체적으로 억압할 때 발생하는 피학성이 있다고 말한다.

여자들끼리 만나 "무슨 말인지 알겠어"라고 위로를 나누고, 현실을 맹렬히 비판한다. 일상은 바꾸지 않는다. 아내라는 틀, 가족 제도가 보장하는 안정감에 안주한다. 하지만 스스로 체념했다고 믿어버리면, 살아갈 수 없지 않나. 피학적인 기쁨을 만들어낸다. 피해자 정체성이다. '억울하다. 당했다.' 여자로서 겪는 현실을 내 입으로 고발한다. 비판의식을 갖고 있다고 착각한다. 피해자 정체성은 도덕적 우위, 정당성, 연대의 심리적 자원이 된다.*

다나카는 '엉망인 나'를 제발 제대로 알자고 했다. 음산하고 엉큼하게 빠져든 '피해자라는 기쁨'을, 바닥으로 내동댕이쳐야 한다고 말한다.**

---

* Angela McRobbie, 〈Post-feminism and popular culture: Bridget Jones and the new gender regime〉, 2009
** 앞의 책, 29쪽 - "억압을 당하는 자는 나약함이나 어리석음과 같은 부정적인 면으로 이어져 있다고 한다. 그런데 나약함이나 어리석음, 비참함 따위가나 자신과 딱 들어맞을 때, 서로를 외면하는 사람들의 마음속에는 증오가 싹튼다. 나 자신의 비참함과 어쩔 수 없이 마주하게 된 자가 느끼는 짜증이 그 속에 있다. 여자들끼리 미워하고 갈등하면서 낳은 증오. 그것은 여자인 채 어떻게 '여자로 살기'를 그만두면 좋을지 논의하지 못하고 여자라는 사실로부터 도망 다니는 자가 느끼는 비참함, 바로 여자의 역사성에서 나온다."

내 속내를 알아가는 일

1970년대 일본의 좌파운동에서는 '맨 얼굴이 혁명적'이라는 경향이 있었다. 다나카 미쓰도 립스틱을 바르다가 여성해방운동을 한다면서 왜 화장을 하느냐고 비난받은 적이 있다.

그는 이렇게 말했다. 맨 얼굴은 자신감 있는 젊은 여자들이 과시하는 혁명성이라며, '난 화장하면 더 예쁘다'라는 태도가 깔려 있다고 지적했다. 그의 발언은 보수적으로 보이지만, 그가 지적하는 건 스스로를 문제화하지 않는 모습이었다.

다른 여자들을 저격했던 펜 끝은 자신을 향했다. 어느 집회에서 얼굴에 반점이 있던 여성이 앞으로 맨 얼굴로 살겠다고 말했다. 다나카는 씩씩함에 압도되면서도 그를 말리고 싶어

했다. 그 여성의 혁명성에 뒤처질 것 같은 두려움 때문이었다.

중요한 건 맨 얼굴이냐, 아니냐가 아니었다. 여자가 남자의 분부대로 따르기보다 자립적일 때 선망 받던 시대였다. 남자에게 인정받기 위해서라도 독립적인 모습을 과시했다. 존재 증명은 없어지지 않았다. 여성해방운동을 해도 남자 파트너가 '넌 화장하지 않아도 이뻐'라고 말할 때, 안심한다. 인정의 최종 심급은 남자의 시선이다. 다나카는 물었다. 남자를 제대로 만나고 싶은가. 아니면 남자에게 사랑받고 싶은가.

사회주의 운동을 하는 '깨어 있는 좌파 지식인'들 역시 자신을 마주하지 않았다. 일본 지식인들에겐 '우리는 억압 민족'이라는 역사관이 있었다. 그가 문제 삼는 건, 일본이 다른 나라를 식민 지배했다는 사실이 아니었다. 전쟁을 겪지도 않은 지식인들이, '피억압자의 고통'을 사회 운동의 출발점으로 삼는 바가 수상하다고 했다. 다나카는 그들을 "지적 부르주아"라고 불렀다.*

투쟁의 시작이 왜 타인이어야 하는가? 스스로의 비참함을 마주하지 못하는 자가 어떻게 피억압자의 고통을 알 수 있는

---

* 〈5장. 신좌익과 여성해방〉 앞의 책, 251쪽

가. 자신을 억압자로 파악하는 의식엔 피억압자는 비참한 존재일 뿐이라는 생각만 있다. 그러면서 억압을 철폐해야 한다는 대의명분을 사명감으로 삼는다.

다나카 미쓰는 일본 학생운동인, '전공투(전국학생공동투쟁회의)'의 한가운데에서, 혁명의 낭만성을 비판했다. 혁명이란 '일상의 지겨움을 견디지 못하는 사람들의 오르가즘을 향한 환상'이었다. 지적 부르주아들은 일상의 비참함과 따분함을 바로 보지 못한다. 혁명이라는 비일상에서, 생의 가능성을 다 태워버리려 했다. 혁명과 파시즘은 종이 한 장 차이다.*

대의를 향한 환상은 여자들의 존재 증명과 유사하다. 지금 여기가 아닌 곳에만 답이 있다는 확신, 모든 걸 한 방에 해결해 버리고 싶은 욕망.

다나카 미쓰는 무얼 말하려 했나. '넌 어떤 꼴로 살고 있는데? 일상을 어떻게 만들어갈 건데?'라는 물음을 던지는 것.

내 진짜 속내엔 무엇이 있는가?

---

* 앞의 책, 233쪽

내 어둠은 나의 것

 다나카 미쓰가 썼던 뜨거운 혁명의 현장을 나의 상황에 그대로 대입할 순 없다. 그러나 글을 읽다 보면 저절로 나를 돌아보게 된다. 알몸을 마주한다.

 배우자가 육아에서 쏙 빠진 이유를 장시간 노동구조 때문이라고 생각해 왔다. 그러나 나도 그에게 가장으로서 권력을 부여한 건 아니었나. 일하지 못했던 건 여성 차별 때문이라고 믿었다. 그러나 배우자의 벌이가 있는데, 나까지 '굳이' 돈을 벌고 싶지 않은 건 아니었나. 일을 하게 되자 육아와 일의 균형을 찾았다고 자신했다. 그러나 균형이란 말로, 여성의 역할을 유지할 수 있어 안심한 건 아니었나.

'이래서 못 해요. 저래서 못 해요'라고 말하는 이들에게 발끈한 건 나의 속내를 들켰기 때문이다.

피에르 부르디외는 그의 사회학에서 지배와 예속을 작동시키는 매커니즘을 밝혀냈다. 자기 위치를 직시하면, "참을 수가 없게" 된다. 고통스러운 정신분열이 일어난다.* 권력을 향한 비판과 함께, 기득권에 빨대 꽂고 있는 모습도 발견한다. 화들짝 놀라며 '나는 다르다. 예외다' 선을 긋지만, 이미 세계 속에 있기에 예외는 없다. 나도 체제의 고정 멤버다. 어떻게 해야 하나. 나보다 억압당하는 자들의 고통에 공감하며 비판의식의 동력으로 삼아야 하는가?

다나카 미쓰의 말이 지침이 될 수 있다. 그는 체제의 가치관에 알랑거리고 싶은 마음과 거부하고 싶은 마음이 있다고 했다. 두 가지 속내가 엉켜버린 엉망인 상태. 그는 그 자체를 긍정하자고 했다.

이 고통 속에서 우린 비로소 안다. 체제의 가치관이 얼마나 빈약하고 비루한가를. 체제와 헛돌고 있음을 알아버린 이상,

---

* 피에르 부르디외, 로제 샤르티에, 〈서문 : 생생한 목소리로〉, 《사회학자와 역사학자》, 이상길, 배세진 번역, 킹콩북, 2019년, 19쪽

돌아갈 수 없다. 돌아갈 수 없는 것. 꿀 빨고 있으나 부조리함도 알고 있는 것. 여기에 가능성이 있다. 엉망인 상태가 되지 않게 하는 억압이야말로 최악. 엉망이 되지 않도록 단련하지 말고, 엉망인 채로 살아버리자. 엉망을 새로운 가능성으로 만들자. "엉망인 것이 아름답다"*

집도, 차도, 배우자도, 직장도 있는 나에겐, 체제의 단물을 빨아먹고 싶은 마음과 그것에 협조하고 싶지 않은 마음이 공존한다. 가족을 안식처로 여기지 않고, 관계의 불안정성을 적극 받아들였지만, 기혼 여성으로서 제도적 혜택을 누린다.

'꿀 빨고 싶은 마음'이란, 모든 걸 가지고 싶어서 불평하는 마음이라고 생각한다. 자신이 포기하거나 잃어야 할 것을 담담하게 인정하지 않는 태도다.

내가 서 있는 기반에서 지불해야 할 대가는 무엇인가. '어쩔 수 없잖아'라고 뒤로 물러서지 않는다. 대의와 명분을 방패로 두지 않는다. 가졌기에 지불해야 할 정신적 피로를 받아들인다. 급진적인 젊은 여성들에게 뒤쳐질지도 모른다는 불안하고

---

* 다나카 미쓰, 〈3장. 만남을 찾아서〉, 《생명의 여자들에게 엉망인 여성해방론》, 조승미 번역, 두번째 테제, 2019년, 161쪽

어정쩡한 느낌. 다나카 미쓰가 맨 얼굴의 페미니스트들을 볼 때 느끼던 감정을, 등짝에 붙인 짐처럼 감당한다.

페미니즘을 성평등이라는 당위로 외치며 올바름을 과시하거나 옴싹달싹 못 하는 처지를 설명하려 든다면, 또 약자라 여기는 이들에게 연민을 앞세워 정의로움을 보여주려 한다면, 혁명을 글로 배운 지적 부르주아들과 다를 바가 뭘까. '도둑맞은 가난'*을 떠올리며 반문한다. '대체 얼마나 더 가져야 직성이 풀리겠냐.'

어둠을 공유할 수 없다. 나는 나의 어둠을 짊어져야 한다. 이걸 감당하는 일은 분명 고통이고 괴로움이다. 엄살을 떨고 싶다. 공감과 연민을 얻고 싶다. 변명이 입술 언저리에서 근질근질하다.

그러나 그것들이 올라올 때마다 끈질기게 주시한다. 그곳이 나의 언어가 만들어질 지점일 테니까.

---

* 박완서, 〈도둑맞은 가난〉, 《부끄러움을 가르칩니다 - 박완서 단편소설 전집 1》, 문학동네, 2013년

12

수치의 재발명

나를 구성하는 것들

 글을 솔직하게 쓴다는 말을 들을 때마다 생각한다. 어디까지 써야 솔직한 걸까. 무엇이 솔직한 걸까. 사소한 일에 얼마나 쉽게 분노하는지, 매일 밤 야식을 참지 못해 라면을 끓이고 술을 얼마나 마시는지, 나와 다른 이를 얼마나 꼴 보기 싫어하는지 쓰는 건 아무렇지도 않았다. 못난 점을 까발리는 게 뭐 어때서. 범죄도 아니고, 금기도 아닌데.

 꺼림직함은 이것이었다. 나의 경험이나 사고방식을 누구나 겪는 것처럼 쓰진 않았나. 배경을 드러내면 '그만한 능력과 자원을 가지고 있으니 가능했겠지'라는 말을 들을까 봐, 보편성에 호소할 부분만 일부러 부각하진 않았나.

아이를 키운 경험을 쓸 때 배우자는 늦게 퇴근하고, 양가 부모님들은 차로 서너 시간 거리에 산다는 사실을 거듭 언급했다. 아이를 키우며 직장에 다닐 수 없는 이유를 쓸 때, 급여의 열악함을 부각했다.

그러나 알고 있었다. 난 소위 대기업이라 불리는 곳에서 10년 동안 근무했다. 회사에 다니지 않아도 일할 수 있는 '기술'을 보유한 직업군에 속했다. 집에서 아이를 전적으로 맡을 수 있던 이유는, 배우자의 안정된 벌이 때문이기도 했다. 이렇다 해도, 육아의 무게가 감소하진 않는다. 그러나 배경이 '불행'을 행여 약화시킬까 봐, '힘든 이유'를 샅샅이 찾아내며 글을 쓰곤 했다.

아이가 자라며 버거운 역할을 하나씩 벗어던졌다. 배우자에게 육아휴직을 밀어붙였고, 이혼을 불사하고 가사와 육아를 나눴다. 좋은 아내나 엄마가 되기 위한 노력을 그만뒀다. 그쯤 되자 기혼 유자녀 여성의 일반적인 서사에 나를 대입할 수 없었다. 대신 당위로 설명했다. 부부는 평등해야 하니까, 가족이라도 독립적인 개인이어야 하니까. 금세 바닥이 드러났다. 그건 일반론일 뿐이다. 더 좁고 자세히 들여다 봐야 했다.

질문은 이렇다. '왜 이런 인간이 되었는가?' 성격유형검사부터 프로이트의 가족 드라마, 내면아이나 트라우마 가설까지 동원할 수 있지만, 이 글에선 대중적인 심리학 접근 방식을 취하지 않으려 한다. 내가 처한 사회적, 경제적 조건을 낯설게 바라보고 싶다. 직장을 다니는 나, 여성인 나, 수도권 변두리에 사는 나, 디자이너의 세계에 있던 나. 이 독특성을 진술해보고 싶다.

'정치적 올바름'이 강박에 가깝게 요구받는 시대에서, 조건을 드러내는 글쓰기는 누구도 상처주지 않으려는 면피로 작동할 우려도 있다. 다른 위치를 두루두루 언급하느라고 '옳은 말 대잔치'가 되거나, '진보적 인간이 된 듯한' 기분만 내는 글이 되는 건 너무나 쉽다. 그래서 누구도 상처주지 않을 무해한 글보다, 서 있는 지반에서의 편견, 한계, 그만큼의 가능성을 적극 드러내는 글을 지향한다.

중심을 버리기

조한혜정의 《글 읽기와 삶 읽기 2》를 다시 읽었다. 1994년에 쓰인 글. 30년이 지났지만 유효했다.

이 책은 지금도 탈식민주의와 여성주의 글쓰기의 기본서로 꼽힌다. 책 전체를 아우르는 주제는 '중심을 상대화'하기다. 조한혜정은 여성이라는 주변성을 잠재성으로 만들어 가는 글쓰기를 촉구했다. 여성들과 함께 글 쓰는 활동을 조직했다. "굳어진 혀를 푸는 말"*을 기록하려 했다. 여기서 그는 중

---

* 조한혜정, 〈개인 속의 역사, 기억으로서의 역사〉, 《글 읽기와 삶 읽기 2》, 또 하나의 문화, 2003년, 204쪽

요한 지적을 한다.

 글쓰기를 시도했지만, 여자들은 글 속에서 신음소리만 내고 있다고 지적한다. 글쓰기 훈련 부족만은 아니었다. 대학에서 몇 년씩 공들여 가르쳐온 여학생들도 비슷했다. 피해 사실을 증명하거나 피해자로서 정체성을 미화하기에 바빴다. 앞서 다나카 미쓰가 겪은 일과 비슷하다. 이들이 엘리트 의식에 빠져 있던 걸까? 당시 여성들에겐 목소리를 낼 공간이 부족했음을, '배운 여자'라서 의식하지 못한 걸까? 하지만 21세기를 살며, 배울 만큼 배웠다고 생각한 나에게도 뜨끔한 지적이었다.

 내 어려움을 설명할 때마다, 얼마나 힘들었는가를 납득시키기 위해 애써왔다. 내심 깊은 곳에선 축축한 자기연민을 놓지 못했다. 경력단절이라는 상황을 쓸 때도 사회적·구조적 원인을 충분히 파악했지만, 무엇을 할까 탐구하기보다, '이런 이유로 못 하는 거야. 일해봤자 자본주의에서 착취당하는 건데 뭐'라는 합리화의 유혹에 빠져들었다.

 배우자에게도 마찬가지였다. 남성 노동자의 처지를 파악하고 나니, '자본주의라는 구조 때문에 육아를 못 하는구나!'라고 안도하고 싶은 마음이 치솟았다. '남자도 불쌍해'라는 연민한 스푼까지 더하면 완벽했다. 억압 기제를 파악하는 일이, 억압에 안착해 버리는 가장 그럴 듯하고 논리적인 구실이 되어

주었다. '사회가 이 모양인데 어쩌겠어.'

조한혜정은 중심을 상대화하는 것과 함께, 피해의식에서 벗어나는 것을 말했다. 지배 구조를 문제 삼는 것만으로는 부족하다. 그 구조를 내면화한 모습도 인식해야 한다. '왜 엄마만 아이를 키워야 하나요!'라고 물으면서, 모성애 이데올로기는 본성과 상관없다는 걸 납득하지 못한다면, 한풀이를 반복하게 된다. '엄마가 키워야 한다'는 대전제를 놓지 못한다면, 결국 질문의 속뜻은 이럴 것이다. '애쓰는 저 좀 봐 주세요!'

"의식이 바뀐다고 삶이 바뀌지 않는다."* 어느새 원래의 자리로 슬며시 기어들어가 안온함에 젖는 경험이 누구나 있지 않나. 삶을 바꾸기 위해선 자리를 인식하는 일이 필수다. 열등감과 박탈감, 때론 죄의식을 느끼게 하는 규범이나 중심을 알아낸다. 그리고 그것을 버린다.

조한혜정은 선 자리에서 삶을 변화시켜 가는 예로 본인의 할머니들을 떠올렸다. 그들은 식민지 조선 시대, 남편이 일찍 죽자 일부종사하지 않기 위해 기독교로 개종해 버린다. 할머니들은 과부라는 부당한 위치에서 박탈감에 젖기보다 삶을

---

* 앞의 책, 159쪽

새롭게 규정해 나갔다. '왜 일부종사해야 하나요!'라고 절규하기보다 관습을 냅다 버렸다. 현대적인 버전으로 풀어보자. 남편이 생일 기억해 주는 걸로 존재 가치를 가늠하던 여성이라면, 어느 날부터 생일날, 혼자 여행을 떠나버린다. 서울로 올라가기만 학수고대하던 지방대 교수가 상경을 포기하고, 소속 학교 학생들과 무엇을 할까 고민한다.

저자는 말했다. 규범에 순응하거나 교정되기 전의 손상되지 않던 경험으로부터, 억압 기재를 교란할 거점이 시작된다고.*
중심에 들지 못한 주변의 기억, 나도 그것을 찾기로 했다.

---

* 앞의 책, 158쪽 – "그 새로운 담론의 장에서 자신들의 손상되지 않은 모습, 터져 나오지 못하게 눌려 있던 기억을 더듬어 억압 기재를 교란시키면서 자신들의 역사를 써갈 거점을 마련해 가게 된다. 억압을 드러내고 고발하면서 지배 담론에 틈새를 내는 것, 그리고 기운을 차리고 자신을 새롭게 만들어 가는 것, 이것은 탈식민화 작업에서 필수적인 작업들이다."

여자 되기에 실패한 여자

 '여자 됨', 그 과정을 돌아본다. '여자로 인정받은 후 상처받은' 것이 아닌, '여자로 인정받지도 못한 상태'에서 시작되는 이야기. 오래된 콤플렉스가 있었다. 여성스럽지 못하다는 것. 남자들에게 적극적 구애를 받아보지 못했다. 무슨 조선시대 같은 소리인가 싶겠지만, 2000년대에 20대를 보낸 여자가 겪어야 했던 열등감이었다. '남자들은 왜 나를 무서워하나. 왜 애교가 없나. 사랑받는 여자가 되고 싶은데.' 이 콤플렉스를 새롭게 써보기로 한다.

 기억을 거슬러 올라가 집안 어른들을 떠올렸다. 권위적인

가부장이 내 주변에 없었음을 새롭게 알았다. 아버지는 야망이라고는 없는 남자였다. 도로에 코스모스가 피어 있으면 멈춰 사진을 찍고, 드라마를 보면서 울던 사람이었다. 집안 다른 남자들도 비슷했다. 여자들을 길들이고 굴복시키지 못했다. 한편 여자들은 기가 셌고 사나웠다. 남자들에게 순종하거나 욕망을 조절하지 않았다. 남자들의 말을 우습게 여겼다. 그런 여자들에게 둘러싸여 자랐다.

남녀공학 고등학교와 대학을 거쳤지만 청춘시절, 남자라는 종의 존재감은 미미했다. 고등학교는 시에서 가장 공부 잘한다는 여자애들이 모인 곳. 여학생들이 학교 분위기를 주도했다. 대학 전공도, 회사 조직도, '여초'였다. 이 경우 여자의 적은 여자라는 말이 나오지만, 그곳에선 남자들이 '언니'가 되었다.

우에노 지즈코는 여자가 여자가 되는 경로는 두 가지가 있다고 했다. 하나는 남자에게 속함으로써 여성성을 얻는 것. 다른 하나는 성별 분리 문화 속에서 동성인 여성 집단과의 동일시를 통해서. 나는 후자였다. 남자들과 친하게 지낸 기억이 없고, 이성애 커플 문화가 당연하지 않은 환경에서 자랐다.[*]

---

[*] 우에노 지즈코, 미나시타 기류, 〈5장 비혼시대의 섹슈얼리티를 이야기하다〉, 《비혼입니다만, 그게 어쨌다구요?!》, 조승미 번역, 동녘, 2017년, 223~226쪽

그래서일까. 대부분의 여성이 억지로라도 익혀야만 했던 관계지향적인 태도를 습득할 기회가 없었다. 그런 태도는 남성의 시선이 간접적으로라도 연루되어 있을 때만 요구받는다. 남자가 끼어들 틈이 없던 나와 친구들은 태도를 검열하지 않았다. 호불호가 명확했고, 자학 개그를 즐겼고, 상대방 갈구기에도 능했으며, 논쟁을 좋아했다.

내가 속한 디자이너의 세계에선 표정, 외모, 어투보다, 한 장의 결과물이 전부였다. 상냥하지 않은 태도가 불손하다며 지적한 남자 동료들이 있었지만, 업무 성과가 여성스럽지 못함을 커버해 줬다.

문제는 학업이나 직업을 벗어난 데서 발생했다. 20대 중반, 연애·결혼 시장의 가판대에 오르자, 여자로서 '상품 가치'는 형편없었다. 그동안 남자를 남자로 대하는 법을 익혀본 적이 없었다. 남자가 여자에게 잘 보이려고 허세 부릴 때, 맞장구치거나 방긋이 웃기는커녕 어리둥절하거나 띠꺼워하는 태도가 자동으로 튀어나왔다. 남자에게 주도권을 넘기지 못했다. 호감 가는 남자를 만나면 말이 많아졌다. 친구들은 제발 남자와 토론을 하지 말라 했다. 그게 왜. 토론은 내 애정 표현인데. 사회적 각본을 학습하지 못한 자의 오류였다.

어떤 협박을 하지 않아도 남자들이 알아서 나를 피했다. 연애하고 싶다며 입버릇처럼 말하고 다니고, 잘생긴 남자가 친절을 베풀면 가슴이 두근거렸지만, 어떤 태도가 남자들을 쫓아내고 있는지 알 수 없었다. '남자에게 구애를 끌어내는 여자들'이 부러웠다. 결혼도 하고 싶었다. 무엇을 교정해야 하나 심각하게 고민했다. 화장도 배우고, 치마도 입고, 긴 웨이브 머리 스타일도 해보았다.

아니 에르노 자전적 소설 《여자 아이 기억》나 《얼어붙은 여자》는 아이가 여자가 되어갈 때 겪는 비릿한 거북함을 소름 끼치게 보여준다. 자라온 환경에서 습득하지 못한 여성적 규범은 어떻게 익혀야 하는가. 중상계층 커뮤니티에 어울리는 여자가 되려면 무엇을 해야 했던가.

'선머슴'처럼 툭툭 던지는 말버릇부터 교정해야 했다. 남자들의 헛소리나 잘난 척에도 정색하지 않고 웃으며 고개를 끄덕였다. '밀당'하는 남자에게 관계의 규정을 요구하지 않았다. '우리 무슨 관계에요?'는 금지어. 친하게 지내는 '남사친'이 있음을 넌지시 알렸다. 뻔히 아는 내용도 호응했다. 혼자 할 수 있는 일도 부탁하고 물어봤다. 가장 중요한 것, 남자의 말에 논리적으로 반박하지 않기.

이 책을 읽고서야 20대에 연애 시장에서 느껴온 감정을 설명할 수 있었다. 수치심, 그리고 역겨움. 하지만 여자로서 인정받고 싶었으므로 참았다. 사랑받고 싶었다. 괜찮은 사람이 나의 뻣뻣함을 감싸주길 바랐다.

결국 중산층 남자들에게 '어울리는 여자'가 되지 못했다. 연애를 해도, 흉내에 불과했다. 여자 됨의 실습 현장이었다. 내가 나로 존재한 적은 없었다. 그러다 한 남자를 만났고 어설픈 내숭 연기가 의외로 통했다. 그를 꼬드겨 결혼에 골인했다. 바야흐로 못다 이룬 꿈을 펼칠 때다. 나는 로맨스 드라마에 세뇌당한 세대였다. 경제력을 갖춘 남편, 교양 있는 아내. 기념일 이벤트, 여행, 부부상담 같은 의례를 통해 감정을 교류하고, '스위트홈'을 만든다. 모범답안처럼 보였다. 쪽대본을 쥐고 따라 했다. 난 여자를 연기, 그는 남자를 연기했다.

잘 되었을까? 모조리 삐걱거렸다. 가랑이 찢어질 것 같아, 죄다 그만두고서 깨달았다. 사랑 가득한 부부관계를 위한 노력을 그만두면 외로움에 몸을 떨 줄 알았는데 너무나 편했다.

배우자? 평생을 억척스럽게 일해 온 어머니 밑에서 적당히 방치되며 자랐다. 결혼 15년 동안 나에게 전화 한 통 없던 분. 그 아래에서 자란 남자는 내조하는 여자에 대한 기대치가 없었다. 결국 나 혼자 북 치고 장구 치고 한 것이다. 그렇게 남자를 위한 감정 노동과, 일체의 성애화된 돌봄을 그만뒀다.

그제야 알았다. 애초에 남자와 교감하거나 여자 대접받는 재미를 겪어본 적이 없었다는걸. 그래서 아무 타격도 없다는 걸. 잃을 것이 없었다. '겨우 이런 거에 목맨 거야?'

나와 배우자는, 남자 대 여자의 관계가 아니라 동료 시민으로, 하우스메이트로 살아간다. '잘 놀아주는' 아빠라거나 '보살피는' 엄마라는 역할 구분 없이, 저마다의 스타일대로 '둘 다 엄마가 되어' 아이를 본다. 배우자는 매일 출퇴근하는 직장인이다. 그는 출근 전 아이의 아침을 차리고, 아이가 아프면 휴가를 낸다. 나를 사랑해서가 아니다. 자신의 아이이기 때문이다. 아이는 필요에 따라 엄마와 아빠에게 다른 애착을 갖는다. 아이가 크며 집은, 세 명의 '사람'이 사는 작은 공동체가 되었다. 돌봄은 감정이 아니었다.

가부장제 사회에서 여자로서의 역할극에서 벗어날 수 있던 계기를 재구성해 보았다. 규범에 순응하려 했으나, 결국 기질대로 거침없이 밀고 갈 수 있던 맥락을 찾아보았다. 이전에는 과거를 최대한 밝히지 않으려고 했다. '충분히 독립적이지만 사랑받는 여자가 돼라'는 21세기적 규범에 전혀 맞지 않았고,

'82년생 김지영'으로 대표되는 '피해받는 여성' 서사로 설명될 수도 없었으니까.

많은 여성들이 억지로라도 여성적으로 행동하고 차별을 겪는다면, 나는 그 인정 게임에 들어가지 못했다. 욕망되고 싶었지만, 대상이 된 적 없었다. 20대의 나에게 여자다움이란, 도달하고 싶지만 끝내 가질 수 없던 자원과 같았다.

여자로 인정받는 중심으로 가고자 했을 때, 남의 눈치를 보지 않는 성격이나 살갑지 않은 태도는 문제점이었다. 예쁘지 않아서, 애교가 없어서, 싹싹하지 않아서, 손해를 보며 산다고 생각했다. 애초에 그 게임에 끼지 못했던 나는, 여성 됨의 과정을 끊임없이 주시했고, 결국 나만의 생존법을 찾았다.

'사랑받고 보호받았으나, 억압도 겪었다'는 피해 서사가 아니라 여자 되기부터 실패했다는 사실, 그 비적절한 자리에서 글을 시작했다. 수없는 말을 쓰고 지웠다.

여자로서 사랑받지 못했다는 건 가여운 일인가? 아니다. '여자로' 사랑받지 못했기에, 나는 나를 재발명할 수 있었다. 아내 역할을 그만뒀고, 가족을 내 식으로 조립했다.

디디에 에리봉이 《랭스로 되돌아가다》에서 말했듯, 내 모습을 감당하기로 했다. 그러면서 '해묵은 수치'는 '새로운 자긍심'이 되었다.* 수치스럽다고 여겼던 내 성향과 태도는, 삶을 새롭게 쓰는 동력으로 변환되었다.

여자로서 남자의 사랑을 포기하는 건, 상실이 아니라 자유였다. 아니, 사랑을 포기한 게 아니었다. 사랑의 규칙과 각본, 사랑을 증명해야 하는 역할을 그만뒀을 뿐이다. 사랑받고 싶은가. 고작 남자에게?

---

* 디디에 에리봉, 《랭스로 되돌아가다》, 이상길 번역, 문학과지성사, 2021년, 255~256쪽

주변에서 시작하기

 디디에 에리봉의 《랭스로 되돌아가다》 이 책은 출신 계급에서의 특성과 후천적으로 습득하는 취향의 간극을, 잔인하고도 통찰력 있게 보여줬다. 디디에 에리봉은 욕설과 폭력이 난무하는 노동 계층에서 프랑스 최고 지식인 집단의 일원이 되었다. 그는 출신 계급을 멸시해 온 자신을 낱낱이 증언하며, 삶을 새롭게 썼다.

 나는 에리봉만큼 드라마틱한 계층 이동은 하지 않았다. 우리 집은 문화 불모지는 아니었다. 외벌이로 초등학교 평교사 생활을 오래했던 아버지를 두어서 형편은 넉넉하지 않았다. 그러나 아빠는 퇴직 후, 동네 주민센터에서 수채화를 가르친다. 엄마는 남동생이 고등학교를 졸업하자 방송통신대 국문학과에 진학했고, 수필을 쓴다. 공부하라는 소리는 거의 듣지 않고 컸다. 도서관에서 책을 1년에 80권씩 빌려다 읽었고, 비디오를 보았고, '워크맨'을 끼고 살며 음악을 들었다.

그러나 서울로 취업하며, 지방 소도시에서 키운 교양과 안목은 어쩐지 촌스러운 감성이 되었다. 에리봉이 지식인의 허위를 비웃으면서도 열등감에 시달렸듯, 나 역시 비슷했다. 과거를 감추고 싶었다.

내가 다닌 회사들은 '교양 있는 한국어 표준 발음'을 구사하는, 서울 토박이 쁘띠부르주아의 집결지였다. 유행하는 전시나 공연을 놓치지 않고, 휴가철이면 뉴욕이나 파리로 당연한 듯 떠났다. 전자기기는 오직 '애플'로만 구성했다. 고등학교, 대학교, 대학원까지 연결된 학연이 조직의 주류를 이뤘다.

취향이 자격지심이 되었다. 내 취향에 근본이 없을까 불안했다. 그러나 중산층 문화엔 깊이가 없다. 문화적 상류층이 아니니까. 불안 역시 열등감이 만든 허상이었다. 그동안 얄팍하게 습득한 인문, 예술 지식으로도 충분히 적응했다.

하지만 그 세계는 내 것이 되지 못했다. 표면적 이유는 경쟁 부적응이었지만, 이질감을 극복하지 못했다. SNS을 통해 평판을 관리하고, 업계 동향을 살피며, 눈치껏 줄 서야 버틸 수 있는 주류의 삶.

완전히 버릴 수도 없었다. 육아하면서 일을 할 수 있었던 건 그때 만들어둔 이력 몇 줄 때문이었다. 오랜 조직 생활은 효율을 추구하고 목표를 실현하도록 몸을 훈육했다. 아이를 돌볼 땐 나를 고통스럽게 했다. 육아에선 통하지 않으니까. 그러나 일을 할 땐, 체계적으로 관리하는 습관이 튀어나왔고, '일 잘한다'는 소리를 들었다. 글쓰기도 비슷했다.

에리봉은 《구별짓기》를 쓴 부르디외를 언급했다. "부르디외는 지식인 세계를 온몸으로 거부함과 동시에, 벗어나지 않길 열망했다."* 이런 양가성 때문에 부르디외는 지금의 부르디외가 되었다.

내게도 양가성이 있다. 자본주의적으로 경쟁을 추구하면서도 경쟁에서 벗어나고 싶다는 것. 강남, 성수동, 판교 같은 중심을 선망하는 욕망과 번지르한 브랜드로 치장된 그 세계의 허위를 경멸하는 마음이 양립한다. 얼마 전 디자인 잡지에 소개된 에이전시를 보다 묘한 감정에 휩싸였다. 흠칫 놀랐다. 아

---

* 디디에 에리봉, 《랭스로 되돌아가다》, 이상길 번역, 문학과지성사, 2021년, 182쪽

직도 질투심이 남아 있다니.

인간은 원래 모순된 존재라고? 자기 균열만을 들여다보는 차원에 머무는 건, 면책에 불과할지도 모른다. 주류의 세계에 들어가고 싶다면 적극적으로 나를 팔면 된다. 흘겨만 보고 포기하지 못하는 건 뭔가. 비판의식을 지닌 나에게만 만족하는 건 아닌가. 한발 더 나아가야 한다.

선택해야 한다. 경력 20년 차라면, 할 수 있는 걸 해야 한다. 윗사람이 해주기를 빤히 바라보는 신입사원처럼 있을 수 없다. 사회구조나 차별에 속수무책 당하며 어쩔 수 없다고만 하기엔, 이 바닥에서 너무 오래 버텼다.

관리자로서 무엇을 할 수 있나. 적은 비용으로 촉박하게 일해야 하는 경기도 변두리의 작은 디자인 스튜디오. '무한수정'을 당연한 듯 요구하고 가격 후려치기가 만연한 업계. 의뢰인이 주는 대로, 닥치는 대로 일하지 않는다. 정당한 대가를 받을 수 있는 프로세스를 만들어 나간다. 주 1~2회 출근, 3일 재택근무, 야근 없는 근무 환경을 구축한다. 퍼스널브랜딩 같은 경험 팔이를 하지 않아도 실력을 인정받는다. 관계보다 결과물로 승부한다. 일하는 사람이 일하기 좋은 환경을 만들어가는 일이, 유토피아는 아니다. 주류 진출을 위한 소모적인 경쟁은 포기하고, 우리 안의 가능성에 집중하면 된다.

결핍만 보던 시선에서 벗어나 서 있는 자리의 자원을 이용하는 것. 조한혜정이 말한 "적절하게 힘이 있는 주변인"이 되기다.* 이 글을 쓰면서 재발명된 나의 또다른 이야기다.

디디에 에리봉이 말한 자기 발명으로서 '자기 기술', 조한혜정이 말한 주변성을 창조로 바꾸는 '자기 진술'. 스스로를 입체적으로 들여다 보는 글쓰기다. 출신 배경, 성별, 건강, 학력, 경제력, 교양 등의 구조 안에서 무엇을 겪었고, 무엇에서 억압받았고, 결탁한 것은 무엇이며, 어떤 소외를 겪었는지 밝힌다.

어쩌다 운이 좋아 중심에 들어갔더라도 우리는 '주변적인 것'을 가지고 있다. 새로운 시도와 실험은 가장 약점이라 여겨온 주변성, 소외의 경험에서 나온다. 엘리트 집안 출신인 조한혜정 교수가, 식민지 지식인이자 여자였다는 자각을 하고 새로운 글쓰기를 시도했던 것처럼. 서민 출신이라는 약점으로 프랑스 계층사회를 분석할 수 있었던 피에르 부르디외처럼.

이 예시가 일상에서 멀게 느껴지는가. 학자가 되어야만 쓸 수 있진 않다. 나로 말하자면 여성스럽지 못함이, 나만의 가족 되기를 추구하게 했다. 업계 주류에 속해 보았지만 이질감

---

* 조한혜정, 《글 읽기와 삶 읽기 2》, 또하나의문화, 2003년, 207쪽

을 극복하지 못한 경험, 그러나 거기에서 습득한 자원이, 변두리에서 일을 새롭게 만들 가능성을 줬다.

주변성을 "변혁의 잠재성"*으로 전환하는 글쓰기에서 무엇보다 자신이 변한다. 중심을 질투하고 피해의식에 시달리며 스스로를 소외시키던 일을 멈추게 한다. 대신 지금 이 자리에서 무엇을 하고, 어떻게 나를 만들어 갈 수 있을까 모색할 수 있다.

* 앞의 책, 207쪽

13

엄마를 쓰며 나를 쓰다

피하고도 쓰게 되는 이야기

 엄마에 관해 쓰겠다고? 계획만으로도 가슴이 꽉 막혔다. 첫 책 《엄마 되기의 민낯》에 엄마와의 갈등을 쓴 적이 있다. 아이에게 부실한 밥을 해줄 때마다, 식구들 밥 해주는 걸 축복으로 알라는 엄마의 목소리가 떠올라 괴로웠다. 엄마는 수시로 내 살림에 참견하며 치고 들어왔다. 내 집이 당신 집인 듯, 방문할 때마다 본인 취향의 물건들을 잔뜩 들고 왔다. 올 수 없을 땐 집요하게 전화했다. "냉동실에 있던 황태는 치워야겠더라." "이불이 얇던데 바꿔주리?" 첫 책에 이런 이야기를 썼다. 그 후 엄마에 관해 쓰지 않았다.

 남들은 부러워한다. 딸에게 뭐든지 해주고 싶어 하는 엄마가 있다고. 그러나 나는 엄마를 밀쳐왔다. 세상에 공짜는 없다. 받는 만큼 감정적으로든 물질적으로든 보답해야 한다. 엄마는 딸의 감사와 관심을 바랐고, 시시콜콜 보고하는 밀착된 관계를 원했다. 섭섭하게 한 일은 40년이 지나도 어제 일처럼 생생하게 기억하며, 대화한 사람의 표정과 억양까지 되살려내는 놀라운 능력을 갖추고 있다. 엄마는 내게 실망한 사건도 절대 잊지 않았다.

상냥한 말투로 일주일에 한 번 연락하면 그만이다. 엄마가 바라는 건 딸의 지극한 효심이 아니었다. 어디까지나 안부 인사다. "반찬 잘 먹었어요. 엄마가 사준 냄비 잘 쓰고 있어요." 엄마를 직장 상사 대하 듯하면 강직하던 성품이 더럽혀지기라도 하는 듯 결벽을 떨었다. 계속 도움을 받다 보면 엄마의 올가미에서 평생 못 벗어날 거라는 피해 망상에 시달렸다.

최근 들어서야 마음을 짓누르던 압박감이 가벼워졌는데, 엄마를 이해해서도 화해해서도 아니었다. 엄마 인생을 내가 어떻게 해주지 못한다는 것으로 정리했다. 당연하다. 엄마를 어찌 해준단 말인가. '우리 바쁜 딸이 전화를 다 하네?'라고 비꼴 때도, 뭔가를 못 해줘 저런다는 생각. 그 생각을 버리기로 했다. 엄마의 행동은 내 탓이 아니다.

이제 엄마는 피하거나 덮어두고 싶은 과거다. 엄마의 한마디 한마디를 곱씹어 대고, 울고불고 싸워서라도 해소하려고 했던 예전과 다르게, '어이구. 또… 또..' 이러면서 넘어가는 단계까지 왔다. 갈등의 기미가 보이면 비위 맞추는 척하다 잽싸게 자리를 피한다. "그러게?" "어…" '끄덕끄덕.'

깔끔하고 투명한 관계란 없다. 가까운 만큼 이해하고, 오해를 풀어야 한다는 이유로, 서로를 얼마나 물어뜯고 몰아세웠던가. 모녀 관계가 적당한 위선으로 덮어진 지금이 나쁘지 않았다. 그런데 다시 엄마라니. 어물쩍 덮어둔 걸 파헤쳐야만 하나. 왜 엄마를 끄집어내려 하는 걸까.

어머니라는 가련한 존재

 이 글을 구상하기 전, 딸들이 쓴 책을 찾아 읽었다. 글에선 익숙한 정서가 느껴졌다. 엄마에게 받은 상처에 집중되어 있었다. 나를 어떻게 대했는가 한차례 토해 낸 다음엔 엄마를 연민했다. '그럴 수밖에 없었겠지.' 예전의 나라면 매우 공감했을 것이다. 그런데 거리감이 생겼다.

 캐롤라인 냅은 《욕구들》에서 썼다. 가족의 식사를 내팽개치고 작업에 집중하는 엄마를 본 적이 없기에, 딸들은 훗날 일을 가질 때에 엄마처럼 모든 걸 해내야 한다는 분열에 시달린다고. 어느 글에선 엄마가 거식증에 걸린 자신에게 정서적 교감을 주지 않았다고 토로하고 있었다.

새삼 알았다. 엄마는 자식에게 집중하면 자신을 잃고, 혼자만의 세계에 빠져 있으면 정서를 채워주지 못하는 존재가 되는 걸까. 책을 읽다 나도 모르게 외치고 말았다.

'자식 낳아 봐. 엄마는 그렇게 완전무결한 존재가 아니야.'

레베카 솔닛의 《멀고도 가까운》. 솔닛은 자신을 엄마의 거울에 비유했다. 언제나 사랑스럽고 옳은 모습의 딸로 비춰주길 바랐지만, 엄마의 기대에 맞춰줄 수가 없다고 썼다. 처음 읽을 때 이 문장에 얼마나 열렬히 위로 받았던가. 기억을 잃어가는 엄마가 뜯어져 가는 책이며, 끌고가야 할 썰매라고 했을 때, 솔닛이 가닿은 이해에 얼마나 가고 싶었던가.

책을 다시 펼치자 전엔 안 보였던 구절들이 들어왔다. 남자의 관심으로 가치를 매기는 엄마. 똑똑하고 아름답게 자라는 딸을 보며 시기하는 엄마. 사랑과 인정을 주지 않던 엄마, 안정을 위해 현재를 희생한 엄마. "설거지를 마치지도 못했는데 어떻게 천국으로 가니."*

전엔 솔닛의 문장에 내 엄마를 갖다 대었다. 그러나 지금은

---

* 리베카 솔닛, 〈2장. 거울〉, 《멀고도 가까운》, 김현우 번역, 반비, 2016년, 57쪽

속으로 말한다. '이 언니도 어지간히 쌓인 게 많네….'

솔닛은 응어리를 찬란하게 직조했고, 끝내 승화했다. 그러나 타인의 인정에 매달리고 도덕에 사로잡혔던 엄마는, 정녕 불행하기만 한 사람이었을까.

비비언 고닉의 《사나운 애착》은 모녀 사이의 징글맞은 대화를 코앞에서 보듯 실감나게 재현했다. 이 회고록에서 고닉은 결혼을 낭만화했고, 남편을 잃은 다음엔, 불행이 삶의 유일한 의미라도 되는 듯이 흠뻑 취해 살던 엄마의 모습을 그려냈다.

엄마는 비련의 주인공이 되어야 했다. 사랑하는 남자를 잃은 자신이 세상에서 가장 가련해야 했다. 고닉에게 엄마의 영향력은 "콧구멍에" "입술에" "숨쉴 때마다 들이마셔졌다." 그는 "엄마라는 마취제를 들이마시며 고통받는 여성성에서 벗어날 수 없었다"고 썼다.*

그렇다면 고닉은 달랐을까. 사랑만이 인생의 전부라고 외쳤던 엄마만큼, 그도 남자와의 관계에서 불안을 해소하려 했다. 차이라면 고닉은 성애에서 짜릿함을 얻을 때, 무엇을 직시하

---

* 비비언 고닉, 《사나운 애착》, 노지양 번역, 글항아리, 2021년, 123쪽

지 못하는지 알아차렸다.

마지막 페이지는 압권이다. 딸의 신랄한 갈굼과 지적질에도 주인공 의식은 버리지 못하는 엄마. 딸이 외로워하자, 엄마가 한다는 말. "너 이제 나에게 동정심이라도 들겠구나?" 그 말에 빡 돌아 사정없이 엄마를 공격하는 딸. 이내 유순해지고 마는 나이 든 엄마. 책은 끝난다. 넌더리 나는 고닉 모녀는 마치 나와 엄마 같았지만, 내 마음에 걸리는 건 평생을 사랑에 목 매인 듯 그려진 엄마의 모습이었다.

비판적으로 썼지만 모두 내가 쓸 수 없는 글들이다. 엄마들의 억울함, 분노, 질투는 딸에게 전승되었고, 딸을 지배하려 했다. 영리한 딸들은 그걸 알아보았다. 나만 당할 수 없다, 너도 당해야 한다며 끈덕지게 뻗쳐오는 불행의 손길을 각자의 언어로 끊어냈다. 엄마와 화해를 시도했다. 이 모든 점에 적극 동의했지만 공감되지 않았다. 왜였을까.

저자들이 엄마의 고통을 충분히 표현하지 못했거나, 입체적으로 해석하지 못해서가 아니었다. 바로 내가 '엄마'라는 점이 공감을 방해했다. 나는 '딸 엄마'다. 내 딸은 이제 10대다. 아이에겐 나를 비판하고 평가할 수 있는 능력이 생겼다. 딸은 언제나 유심히 나를 관찰한다. 대충 그린 눈썹 모양과 새로 산

옷부터, 팔꿈치에 생긴 각질도. 한마디도 지지 않는다. 내 말꼬리를 잡아채서 또박또박 반박한다. 나의 단점을 이토록 낱낱이 지적하는 이는, 이 세상에서 녀석이 유일하다. 딸들이 쓴 책을 읽으며 생각했다. 언젠가 내 딸도 나를 이렇게 보는 거 아냐?

그래서 말하고 싶어졌다. 글 쓰는 딸을 둔 죄로 왜 엄마들은 이런 평가를 당해야만 하지? 딸이 나에 관해 쓴다고 하면, 엄마의 험담을 쓴 내 글은 깡그리 잊어버리고 말할 것이다. '내가 죽은 다음에 써.' 아니다. '니가 뭔데 나를 평가해?'

다른 답답함은 엄마들에게 보이는 극도의 수동성이었다. 왜 그들은 딸을 질투하는가. 왜 그토록 무기력하게 보였는가. 딸들의 시선도 여성을 해석하는 가부장적인 틀 안에 멈춘 건 아닌가.

시대적 상황이 분명 있었다. 그걸 무시하고 엄마는 우리를 위해 헌신하면서도 행복했을 거로 추측하는 것 역시 폭력적이다. 그러나 집안에 갇혀 한숨만 내쉬던 모습이, 삶의 전부인 듯 딸들에게 기록되는 건 또다른 문제다.

'엄마는 내가 학교에서 돌아올 때도 노트북만 보며 글을 썼다. 내가 학교에서 어떤 일이 있었는지 궁금해할 여지가 엄마의 삶엔 없어 보였다. 그리고 만들어 둔 간식을 먹으라고 세 번이나 말했다. 엄마는 요리로만 존재를 증명받고 싶어 하는 사람처럼 보였다. 엄마는 아빠가 말할 때마다 시비를 걸고 늘어지곤 하는데, 그때마다 아빠와 살갑게 지내지 못하면서 찾아오는 엄마의 불안이 나에게까지 전해져 와 숨이 막혀오곤 했다. 엄마도 자기 삶을 살아야 했다.'

내 딸도 2034년에 이런 글을 쓸지도 모른다. 반찬 투정한다고 혼낸 건 요리에 집착한 엄마로, 숙제하라고 한 몇 마디는 입시 이데올로기에 찌든 엄마로. 내가 어떻게 살았는지도 모르면서.

글쓰기에선 대상의 어떤 면을 잘라 보여주느냐가 어쩌면 전부다. 많은 남성 저자들의 염치없는 모성 찬양만큼이나, 여성 저자들의 엄마를 향한 연민도 프레임이다. 완전한 엄마를 바라는 마음이, 엄마의 일부를 전체로 덮어버린 건 아닌가. 엄마를 성모 마리아로도, 피해자로도 그리지 않는 글을 찾고 싶었다. 마찬가지로 자기 자신을 엄마에게 속수무책 당한 연약한 아이로만 기억하지 않는 글을 원했다.

연민 없는 모녀 서사

두 책이 떠올랐다. 아니 에르노의 《한 여자》, 박완서의 《엄마의 말뚝》.

두 책에, 1950년대 전쟁의 시대를 통과했고 가족의 생계를 책임진 엄마가 있었다. 그들의 엄마는 '집안의 천사'가 아니었다. 극도의 자기 검열이나 억울함과 다른, 억척스러움과 사나움이 있었다.

작가들은 엄마에게 받은 영향력이나 피해에 집중하지 않았다. 에르노는 '내면적인 건 언제나 사회적'이라고 하며 엄마의 특색을 개인적 성향이 아니라 사회적 신분과 연관시켰다. 엄마를 가부장제의 희생자나 헌신의 화신으로 그리지 않았다.

엄마는 허영과 욕망으로 뭉친, 펄떡거리는 인물로 살아났다.

《한 여자》에서 보이는 아니 에르노의 엄마는 도도하고 꼿꼿했다. 부르주아 여성들의 우아함과는 다른 야생적 자긍심으로 가득했다. 돈을 번다는 자부심. "일은 내가 다 하지." 그녀는 거칠었다.

에르노의 어린 시절, 엄마가 세계의 전부였다. 그러다 사춘기에 접어들어 엄마의 실체를 파악해 나간다. 엄마는 부르주아 가정의 엄마들처럼 '사랑하는 딸'이라고 불러주지 않았다. "망할 년… 불쾌한 계집애." "돈 많이 드는 애"로 불렀다.*

에르노는 부모에 관해 쓸 때 흔하게 동원하는 심리적 해석, '엄마는 나를 인정해 주지 않았잖아요!'와 같은 접근을 폐기했다. 그가 쓰는 감정은 수치심이다. 엄마는 사립학교의 품위와는 동떨어진, 천박하고 저급한 세계에 살고 있었다. 자식을 향한 애정 표현은 부르주아들만의 육아 방식이었고, 자기 집엔 없는 것이었다. '나도 있는 집 자식들처럼 고상하고 교양 있는 부모가 있었더라면….'

---

* 아니 에르노, 《한 여자》, 정혜용 번역, 열린책들, 2020년, 50~54쪽

그는 썼다. 엄마가 다리 사이에 병을 끼고 병마개를 딸 때 눈을 돌려버리고 싶었다고. 우렁찬 목소리로 노래를 부를 때, 너무 창피해서 그녀가 미웠다고. 엄마는 무엇을 하든 시끄러운 소리를 내고, 성질이 나면 얼굴에 바로 표가 나는 여자였다. 척하면 자신을 때렸고, 5분 뒤엔 인형처럼 껴안았다. 에르노의 감정을 내 식대로 요약하면, '우리 엄마, 개쪽팔려.'

《한 여자》를 다시 읽을 때 기대감이 있었다. 에르노라면 시선이 엄격하고 냉정할 테지. 읽어보니 노벨 문학상 작가의 글에도 서운함과 투정이 곳곳에 있었다. 다만 글쓴이는 알고 있었다. 편집의 권력과 언어의 한계를 말이다.

아니 에르노도 엄마 흉을 봤다. 엄마에게 들은 폭력적인 말을 나열했다.

> "너는 정말 돈이 많이 드는구나, 이렇게나 가진 것이 많은 데도 행복하지 않은 거니."*

요즘이라면 정서 학대다. 상처받아 바들바들 떠는 어린아이가 떠오른다. 그러나 에르노는 독자의 감정 이입을 의도적으

---

* 앞의 책, 51쪽

로 방해했다. 독자가 화자의 고통에 몰입하려 할 때, "어떤 표현은 객관적으로 되지 않는다"고 덧붙였다.* 독자가 울먹이려고 시동 걸던 감정을 식혀버렸다.

글쓰는 사람이라면 누구나 과거를 완결되게 만들고 싶은 욕구가 있다. 고통과 추억은 소중하기에 이음새가 보이지 않을 정도로 매끄러워야 한다. 상황마다 의미를 부여하고 원인과 결과를 유추해 낸다. 특히 부모와의 관계에 있어서 나라는 화자는 '순결한 희생자'나 '고통의 순례자'가 된다. '엄마가 나에게 열등감을 심었다'거나 '내 고통은 부모 탓'이라는 인과를 만든다. 일부 사실일 수 있다. 그러나 에르노는 다듬어진 서사가 의도하는 감정이입에서 이탈했다.

어린 시절을 회상하는 낭만적 정서를 일절 지웠다. '아련 돋는' 문학적 표현을 거부했다. 에르노는 자신의 글쓰기를 '밋밋한 글쓰기'**라고 부르며, 일상 대화의 단면을 도려낸 듯한 날것의 글쓰기를 추구했다. 그의 글에서 엄마는, 카페에서 치마를 걷어올린 채 손에 침을 뱉으며 돈을 세는 여자다. 엄마를

---

* 앞의 책, 62쪽
** 아니 에르노, 프레데리크 이브 자네, 《칼 같은 글쓰기》, 최애영 번역, 문학동네, 2005년, 41쪽 (*번역에 따라 '평평한 글쓰기'라고도 한다)

향한 애틋한 찬미는 없다.

에르노는 무엇을 썼는가. 《한 여자》에서 읽은 건 엄마를 이해하려는 노력이나 자기변호가 아니었다. 좁은 시선에서만 엄마를 쓸 수 있음을 글쓴이는 알고 있었다.

우린 타인을 평가할 때 그를 고정한다. 엄마는 불행했다. 무기력했다. 또는 "어머니는 난폭했다." "전부를 불사른 여자였다." 에르노에 따르면 모두 "상상이 만들어 낸 여자"다.*

글로 쓰는 엄마가, 엄마 그 자체가 아니라 내가 상상하고 만들어낸 엄마라는 것. 에르노는 그 점을 알고 있었다. 언어의 한계를 인지하며 문장을 무심하게 깎아냈다. 자신을 문서 정리자로, 역사를 기록하는 사람으로 놓았다. 그것이 에르노가 엄마에 관한 진실을 찾아가는 방식이었다.

박완서의 《엄마의 말뚝 1》. 시기는 일제강점기 후반이다. 남편이 죽자, 3년상을 치르기 전에 시집을 뛰쳐나온 맏며느리. 박적골을 떠나 개경으로 가면서, 딸의 댕기머리를 단발로 확 자른다. 단발머리는 신여성의 기본. 딸에게 신여성이 되라고 세뇌하고, 서울 사대문 안으로 진출하자며 부담을 팍팍 준다.

---

* 아니 에르노, 《한 여자》, 정혜용 번역, 열린책들, 2020년, 19쪽

딸이 보는 엄마는 모순덩어리 자체다. 병도 굿으로 치료하는 시골 양반들에게 치를 떨었으면서도, 서울 와서는 양반집 맏며느리 체통을 못 버린다. 사대문 바깥에 터를 잡았으면서도, 사대문 안 양반인 것처럼, '문밖 상것'들과 철저하게 구별 지었다. "아아, 상종 못 할 것들이다." 화자는 그런 엄마를 보며, 경멸이나 수치심보다 "느닷없는 귀품과 귀골스러움"을 느낀다.* 터무니없이 당당한 엄마에게 압도되고 말았던 모습을 천연덕스럽게 묘사했다.

8살이라고는 믿기지 않을 만큼 대상을 꿰뚫어 보는 화자. 엄마를 흉보듯, 자신을 사정없이 뜯어낸다. 몰래 금기를 어기며 "사탕 맛보다 자극적인 죄의식의 미각"에 빠진다. 단 것에 "눈이 뒤집혀 꺼칠해지고 교활해지던" 행태를 고자질한다.** 상냥한 학교 선생님의 미소를, 거짓이라고 단언하는 영악함도 숨기지 않는다. 시골에 갈 땐 꼬질꼬질하던 옷을 벗고, 서울 깍쟁이 흉내를 즐긴다.

이 소설엔 '따사로운 고향' 같이 향수 젖은 표현이 없다. 대신 향수를 박살 낸다. 스케이트에 대해 무당이 작두에 올라탄

---

* 박완서, 《엄마의 말뚝》, 세계사, 2012년, 32쪽
** 앞의 책, 35쪽

짓이라는 할아버지의 전근대적 미개함에 쾌감을 느낀다. 스스로의 우월감을 숨기지 않는다. "대처 물 먹은 티"라고 그것을 표현한다.* 할아버지와 시골을 깔보는 모습을 폭로한다.

맨몸으로 삯바느질하며 자식을 키운 엄마. 충분히 이해할 수도 있었을 것이다. 툭하면 외출 금지 명령을 내리고, 장난감은 죄다 빼앗고, 가난한 친구들을 무시하며 놀지 말라고 했던 엄마. 충분히 원망하며 쓸 수 있었다. 그러나 그렇게 쓰지 않았다.

박완서는 작가의 글에서 말했다. 소재는 애정과 연민의 마음으로 건져 올려야 하지만, 글을 쓸 땐, "뜨악하게 밀어내고 객관적으로 바라보며, 정이 앞서지 않는 냉혹한 마음으로 추리고 다듬고 구성"해야 한다.**

20대 초반, 처음 이 소설을 읽었을 때 적잖은 충격을 받았다. 민족의 비극적 역사, 가족을 잃은 슬픔에 마음이 움직여서가 아니었다. 불행을 쓰면서도 눅진하지 않은 태도와 문체에 놀랐다. 상황을 팽팽하고 짱짱한 자세로 바라보고 있었다.

---

* 앞의 책, 56쪽)
** 〈작가의 말- 제5회 이상문학상을 받으며〉, 앞의 책, 2013년 개정판

박완서 작가에겐 '나 불쌍병'이 없었다.

  이 책을 읽고 내 글은 바뀌었다. 고통을 쓸 때, 피해자로서 정의로움과 무해함이라는 위상을 부여받길 원했다는 것을 알게 되었다. 그러나 책을 읽고, 괴로움을 쓰기보다 그걸 대하는 태도를 쓰게 되었다. 괴로움에 빠져들던 가학적인 짜릿함을 뒤집어 깔 용기가 생겼다. 내게 무정한 글쓰기의 시작은, 박완서였다.

화해도 이해도 아닌

 엄마에 관해 다시 쓴다면, 엄마에게 해온 숱한 거짓말과 함께, 거짓말을 하고 있다는 걸 알면서도 넘어가준 엄마와의 공모를 쓸 것이다. 엄마가 자식을 내세워 얼마나 위신을 세우려는지도 쓸 것이다. 내 책을 가장 많이 구입해 뿌리는 독자는 엄마이기에, 엄마를 거부할 수 없다는 것도. 엄마의 하소연이나 뒷담화가 신물 나게 싫으면서도, 입을 닫게 하려고 더한 사례를 내세우곤 했던 나의 야비함도. 우리는 얼마나 신나게 남을 헐뜯었던가.

 엄마를 남 비난하기 좋아하는 사람으로 여긴 데엔, 그것에 가담한 나를 슬그머니 빼버리고자 하는 의도가 있었다. 그러나 우린 상대의 문제를 지적하는 데 거리낌이 없다. 갈 데까지 가본 자들만이 알 수 있는 경지에 이르렀다. 엄마 이야기를 쓴다면, 관찰의 렌즈를 엄마가 아니라 엄마를 대하는 내 모습으로 향하련다.

내가 가족에게 어떻게 하고 있는가는 잘 보이지 않는다. 다른 사람이 내게 하는 일만 보인다. 받지 못한 것만 기억한다. 엄마로부터 많은 관심, 애착, 지원을 받았지만, 그것이 내가 원하던 방식이 아니었기에, 받았다고 인정하지 않았다. 아니면 받은 무언가를 자랑한다. 이만큼이나 사랑 받았다고, 좋은 가족이 있다고. 스스로 무엇을 하고 있고, 그런 주고받음에서 느낀 점이 무엇인지를 드러내긴 쉽지 않다.

왜 엄마를 쓰려 하는가. 사랑도 애틋도 아니다. 엄마와 화해하는 작업도 아니다. 화해한다고 생색을 낸들, 여전히 오해한다며 억울해할 수 있다. 예전엔 솔닛의 이야기를 빌어 엄마를 '이해하는 척'하고 싶었다. 그 뉘앙스는 나를 괜찮은 딸로 보이게 했다. 그러나 이제는 안다. 엄마를 이해할 수 없다는 것을. 그러니 엄마와의 이야기를 쓰면서 엄마를 이해하고 싶어서 쓴다고 하지 않기로 한다. 엄마를 이해하고 싶어서가 아니라 나를 위해 썼음을 인정한다.

가장 가까우면서도 이해할 수 없던 단 한 사람. 엄마에 관한 글은, 나를 지배해 온 한 사람에게 죄책감을 느낀 나, 수치심을 느낀 나, 미움을 느낀 나, 사랑하고 애정을 갈구했던 나, 그를 피해 도망쳐온 나의 이야기다. 나를 있게 한 사람을, 기억과 편집의 한계를 집요하게 인식하며, 다시 만들어 나가고, 그 속에서 자신을 알아간다.

 이것이 엄마에 관한 쓰기가 우리에게 있어 글쓰기의 시작이 되곤 하는 이유다.

(14)

엄마 되기의 찢어짐

'좋은 엄마'들의 목소리

 아기를 키우며 약 3년 동안 다섯 줄 이상 글을 쓰지 못했다. 좁은 아파트에 갇혀 밤이 되기만 바라던 시간, 축축 꺼져가는 몸으로 한숨 쉬며 밥 차리던 시간, 내가 아닌 것 같던 시간들.

 문자로 적은 건, 아이 돌보는 일과를 기록한 데이터였다. [소고기미역국에서 고기 뱉음. 밥 먹다가 묽은 똥. 아침에 우유 200밀리리터. 크림소스 브로콜리 닭고기볶음 실패.]

 시시콜콜한 기록의 다른 버전으론 배설을 쏟아낸 일기가 있었다. 아기를 낳자, 한순간에 내 '신분'은 전락했다. 친정 엄마는 나보다 밖에서 돈 버는 사람을 더 측은히 여겼다. 행여 그 사람이 아침도 못 먹고 회사에 갈까 봐 전전긍긍했다. 누군가는 칩거하는 나를 보며, 똑똑한 척 다 하더니 결국 '애 엄마'가 되어버렸다고 했다. 늦가을 이파리 같던 '멘탈'일 때, 타인들의 작은 평가에도 파사삭 부서졌다. 다른 여자들은 다 하는데 너 혼자 왜 엄살이냐 했을 때, 최대한 불행해 보이려고 기를 썼다. '이래도 안 가엾다고?' 당시 일기엔 우울감에 시달리던 괴물 한 마리의 울부짖음이 남겨져 있다.

"어으…아으으…저…크크크크…윽…으…그…어어어…프아아아!"

지인이 내게 말했다. "병원 가 봐."

내가 무엇을 쓰고 있는지 몰랐다. 엄마 노릇의 압력을 가뿐하게 무시하기엔 숨통 트일 공간이나 관계가 없었다. 24평 아파트, 스마트폰으로 바라보는 맘카페가 내 세계의 전부였다. 이 좁은 창문으론, 엄격한 소아과 의사들의 지침, 엄마와 아내 역할을 수월히 해내는 체력 좋고 자신만만한 여자들의 목소리가 흘러 들어왔다.

울음소리에 찌르르 젖이 돌고 생기가 샘솟는다는 엄마, 매끼 다른 반찬으로 질리지 않게 차렸더니 아이 식습관이 좋아졌다는 엄마, 분리불안이 생기지 않게 종일 안고 있다는 엄마,

아이를 위해 직장을 그만두고 이사까지 다니면서도 만족한다는 엄마들의 이야기가 가득한 세상. 매끄럽게 다듬어진 정보 속에서 은밀히 가지고 있을 일탈 행위는 보이지 않고, 그들과 비교하며 나를 탓했다.

내 안엔 불온한 감정이 널뛰고 있었다. 아이가 웃을 땐 세상을 다 얻은 것 같았지만, 집에서 아이만 보고 있을 때면 모든 걸 잃은 것 같았다. 아이를 위해 죽을 수도 있지만, 아이를 두고 도망치고 싶었다. 그러나 출산과 육아 경험을 기록한 대부분의 글은 뒤섞인 감정을 모르는 듯 시치미 떼고 있었다. 그 누구도 엄마가 되고 겪는 고통과 환희를 공평하게 말해주지 않았다.

엄마 됨의 기록엔 특징이 있었다. 첫 번째, 육아 효능감으로 가득 찬 글. '책 좋아하는 아이(밥 잘 먹는 아이, 영어 잘하는 아이)로 만들었고 성공했다.' 두 번째, 아이를 키우며 겪는 여성의 어려움을 토로하고 결국 극복하는 글. 첫 번째 부류의 글을 읽을 때마다 질투심과 열등감에 시달렸다. 두 번째 부류는, 찾을 땐 반가웠으나 이내 배신감을 느꼈다.

아기를 낳고 키우던 2014년은 페미니즘 담론이 파도처럼 밀려올 때였다. 하지만 엄마, 아빠, 자식으로 이루어진 가족 이데올로기는 여전히 공고했다. '하고 싶은 건 다 해도 되는데,

가정 안의 직무엔 충실해야 해.' 육아와 일의 균형이라는 화두가 급부상했다. 남자들은 어디로 갔는지, 오직 여자들만 외줄타기를 하고 있었다.

경력 단절을 극복해 '바깥일'을 하고 양성평등을 위해 노력하더라도, 결론은 정해져 있었다. '우리 가족은 행복해요.' '그럼에도 아이를 사랑해요.' '배우자가 안쓰럽고 고마워요.' '부부 사이의 스킨십을 소홀히 하지 마세요.' 본인이야말로 과로사 직전처럼 보이는데도.

뭘 읽어도 뾰루지 안에 고인 노란 고름을 아프고도 시원하게 짜주지 않았다. 엄지손가락 쿡 찔러 검은 피를 흘리게 뚫어주지 않았다. 상처에 습윤밴드 붙이고, 컨실러를 덕지덕지 바르고, 파우더로 뽀송하게 마무리했다.

다른 글을 원했다. 화목함으로 수렴하며 있어야 할 자리를 확인하는 글이 아니었다. 모든 전제를 의심하여 안전하게 굳어가는 정체성을 산산조각 내어버리는 글. 피부 위로 스멀스멀 기어다니는 좋은 엄마라는 자의식을 꼬챙이로 확 잡아채, 불판 위에 바싹 태워버리는 글. 그런 글을 찾고 싶었고 쓰고 싶었다.

양가감정의 인정

 아이가 세 돌이 될 무렵, 수면 부족, 만성 피로, 우울증에 극약 처방을 내렸다. 모든 맘카페를 탈퇴하고 육아 정보 블로그 구독을 끊었다. 스마트폰을 없앴다. 차라리 택한 극단적 고립에서, 남들의 간섭을 끊어내고 내게 집중할 자유가 생겼다. 그제야 내 눈 앞의 세계를, 약간의 거리를 두고 바라볼 수 있었다.

 '저기 피골 상접하고 아랫배만 출렁거리는 애 엄마 하나가 바닥을 긁으며 울고 있구나. 애새끼는 쌀을 바닥에 뿌려대며 신나서 괴성을 지르고.'

 신음에서 벗어나 글이 될 수 있는 단어와 조사, 동사를 조합했다. 아이에게 무엇을 잘하고 있는지 아니라, 지금 겪는 일이 무엇인가를 썼다.

엄마 됨을 있는 그대로 바라보고 드러내기 위해서는 그만큼 나를 건드려주는 글을 찾아내야 했다. 《엄마 됨을 후회함》이라는 책이 있다. OECD 국가에서 출생률이 가장 높다는 이스라엘에서도 엄마가 된 걸 후회한다고 말하는 여성들이 있었다. 이 책을 읽은 뒤, 감히 고백할 수 있었다. 나도 엄마가 된 걸 후회한다고.

> "아이를 사랑하지만, 엄마이기에 감내해야 하는 역할과 부담, 희생, 기대로부터 도망치고 싶을 뿐이다. 끊임없는 걱정, 간섭과 배려 사이에서 벌어지는 갈등, 자식이 사라진다 해도 엄마라는 변함없는 진실, 세상에 내놓은 한 존재에 대해 평생토록 감당해야 할 짐이 엄마됨을 후회하게 한다.
>
> 인간이라면 온갖 감정을 느끼기 마련이고 어떤 선택이든 후회가 따를 수 있는데, 유독 엄마들에겐 엄마라는 이유로 부정적 감정은 일절 느껴서도 간직해서도 안 된다고 말한다. 하더라도 숨어서 죄인처럼 고백해야 한다. 죄책감과 우울감은 이 지점에서

증폭된다. 감정을 부인하면서. 나만 비정상이라고 느끼면서."*

엄마 됨을 후회한다고 말할 수 있었던 건, 아이 낳은 걸 후회하는 게 아니었기 때문이다. 아이를 사랑하지만, 동시에 미워한다는 양가감정을, 부정하거나 은폐하지 않겠다는 결심이었다.

엄마 됨을 후회했지만, 몇 년 후엔 생각이 바꾸었다. 다시 태어나도 아이를 낳고 싶다고. 몸이 편해져서일까. 그럴지도 모른다. 그 시기가 지나고서야 알았다.

생명을 돌보는 육체노동보다, 좋은 엄마에 세트로 따라오는 아내 노릇의 무게가 나를 짓눌렀다는 걸. 차라리 결혼하지 않고 아이만 키울 수 있다면, 양육 그 자체를 만끽할 수 있을지도 모른다.

에이드리언 리치는 《여성으로 태어남에 대하여: 경험과 제도로서 모성》에서 모성을 두 가지로 구분했다.** 하나는 여성이 아이를 낳고 키우는 능력 그 자체로, 한 생명을 보살피고 키워내는 강인한 힘이다. 새끼를 보호하기 위해 촉각을 곤두

---

* 신나리, 〈엄마 됨을 후회하면 안 되나요?〉, 《엄마 되기의 민낯》, 연필, 2018년, 개정판, 269쪽
** 사라 러딕, 〈'엄마들'에 대해 말하기〉 참고, 《분노와 애정》, 시대의 창, 2018년, 280~283쪽

세우며 사나워지고, 새끼를 독립시키려고 높은 곳에서 떨어뜨려 버리는 매정한 암컷들의 모습이다.

다른 건 제도로서의 모성이다. 흔히 말하는 '모성애 이데올로기'다. 여성을 집안에서 아이를 키우는 존재로 못 박고, 남성의 통제 아래 두기 위해 작동한다. 여성은 온화함과 다정함, 포용과 이해, 보살핌과 헌신의 상징이 된다. 아이를 그냥 키우는 게 아니라 '잘 키우라고' 말한다. 자본주의 사회에 노동력을 제공하는 사람으로 만드는 일이다.

나를 후회스럽게 했고, 그래서 버리고 싶었던 건, 제도화된 모성이었다. 그러나 매순간 두 모성은 엉겨 붙는다. 나를 괴롭히는 건 등으로 들러붙는 작은 몸뚱이인가, 아니면 오늘 저녁 봐주어야 하는 아이 숙제인가. 놀아달라고 떼쓰는 녀석의 투정인가, 놀아주지 않으면 아이에게 외로움이란 트라우마가 생길지 걱정하는 망상인가. 버거운 건 저녁 밥 차리기 노동인가, 아니면 배우자나 아이가 나를 평가할 시선인가.

두 번째 책 《여자, 아내, 엄마, 지금 트러블을 일으키다》에선 밥 안 먹는 아이와의 씨름을 다음과 같이 썼다.

"억누르며 다독여 왔던 그간의 불만과 불평과 짜증이 자기 연민이라는 형태로 터져 나오기에 안성맞춤인 시점이 되어버렸다. 손수 시리얼로 아이 아침을 챙기고 어린이집 차량에 태워 보내주는 대한민국 1퍼센트 남편과 사는데도 넙죽 엎드려 감읍하지 못하는 나, 어질러진 집구석을 내 일이라고 여기며 군소리 하지 않고 묵묵히 치우지 못하는 나, 여기에 관대하거나 쿨하지 못하고 까칠하며 까다롭고 예민한 여자라는 자기 비하까지 더해졌다. 싱크대에서 배수구 망을 들어올리고 헛구역질을 참으면서, 구린내를 풍기며 발효되는 밥풀을 떼어내고 헹구며, 혼자 씩씩거렸다. 유구한 역사를 자랑해온 모성애 이데올로기와 가부장제의 압박을 어깨 위에 무겁게 짊어진 이 시대 비운의 여성으로 나를 정체화했다."*

윗글을 쓸 때, 엄마 됨의 기준에 미달한다며, 비하와 연민에 찌들어 있는 나를 발견했다. 이걸 구분하게 되자, 이전까지 가졌던 터무니없던 비장함과 우울함이 한 겹 걷어졌다. 나를 괴롭히던 압력이, 단지 매일의 밥하기가 아니라 '좋은 엄마 되기'라면, 버리면 그만이었다. 그냥 밥만 하면 되니까.

---

* 신나리, 〈오늘도 난 미친년이 됐다〉, 《여자, 아내, 엄마, 지금 트러블을 일으키다》, 싱크스마트, 2021년, 177쪽

엄마 됨을 쓰기란, 아이 앞에서의 '나'를 쓰기다. 세상이 찬양하는 모성을 포기하고 알몸과 마주해야 한다. 효능감은 둘째치고 매번 실패와 만나야 한다.

하지만 실패를 쓰는 일은 자기희생처럼 되기 쉽다. 사라 러딕이 말했듯, 제도화된 모성 앞의 무기력함과 함께 잠재적 힘으로서 모성 사이를 오고 가야 한다.* 아이를 사랑하면서 미워하는 마음, 그리고 자신이 할 수 없는 것과 할 수 있는 것을 써야 한다. 어떻게 쓸 수 있을까.

---

* 사라 러딕, 〈'엄마들'에 대해 말하기〉참고, 《분노와 애정》, 시대의 창, 2018년, 280~283쪽 참고

내 아이는 괴물일까

 엄마 됨의 실패와 번뇌, 그 극단을 보여주는 소설이 있다. 도리스 레싱의 《다섯째 아이》. 성혁명이 휩쓸고 가족주의 판타지가 깨지던 1960년대 서구. 헤리엇과 데이비드는 완벽하고도 행복한 가정을 계획했다. 피임을 하지 않고, 6년 동안 4명의 아이를 낳고, 대형 파티를 벌이며 가족애를 과시했다.

 그러다 헤리엇이 다섯째 아이를 가졌다. 뱃속에서 미친 듯이 발차기를 하던 이 무서운 생명체는 태어나서도 레슬링 선수 같았다. 먹어대고, 부수며, 해쳤다. 가족의 행복을 과시하던 이들은 어떻게 했나. 아빠인 데이비드는 자기 아이가 아니라고 부정했다. 상류층이었던 벤의 조부모는, 벤을 변종이자 괴물로 규정하고 요양소에 갖다 버렸다. 아이들은 벤이 사라진 후에, 마음 놓고 엄마 품에 안긴다. 그러나 헤리엇은 벤을 찾으러 갔다. 요양소에서 벤이 진정제에 마취된 채 오물 속에서 죽어가는 걸 발견했다. 가족의 행복은 벤의 존재로 파괴되어 갔다.

도리스 레싱은 헤리엇이 무엇을 어떻게 잘못했고, 다섯째 아이인 벤이 왜 저런 아이로 자랐는지는 추궁하지 않았다. 중요한 건 인과관계가 아니라 지금 벌어지는 모습이다.

의사들은 벤이 정상이라고 말했다. 단지 벤의 기질이 유별날 뿐이라는 듯 태연하게 반응하며, 헤리엇의 민감한 양육 태도를 나무랐다. 가족들에게도 질타받았다. 이때 나오는 해리엇의 대사가 바로 핵심을 꿴다.

"정말 희한해요. 이전엔 아무도, 그 어떤 사람도 나에게 네 명의 정상적이고 똑똑해 보이는 멋진 아이들을 갖다니 넌 정말 똑똑하구나! 그 애들은 모두 네 덕분이야. 훌륭한 일을 해냈어! 해리엇이라고 말한 사람은 없었어요. 아무도 이제까지 그런 말 안 했다는 것이 이상하지 않아요? 하지만 벤에 대해서는 전 그저 죄

인이지요!"＊

　해리엇은 진심으로 죄의식을 느꼈을까. 그럴 리가. 해리엇은 '너 같은 아이가 대체 어디에서 왔니?'라고 끝없이 물었다. 의사들에게, 벤이 애초에 비정상으로 태어났음을 확인받고 싶어 했다. 그래야 자기가 '잘못 키운 것'이 아닐 테니까.

　레싱의 펜 끝은 섬뜩하다. 해리엇을 비난하는 세상 사람들의 시선을 비꼬면서도, 여전히 행복한 가정이라는 이상향에 매여 있고, 정상이라는 잣대로 아이를 바라보며 혼란스러워하는 해리엇까지 보여준다. 우리의 주인공을 감싸지 않는다.

　《다섯째 아이》를 만약 육아 기록으로 읽는다면 어떤가.

　현대 사회의 핵가족에서 '육아'란, 아이를 자본주의가 원하는 방향으로 교정, 훈육하는 걸 목표로 삼는다. 구조적 환경이 애초에 그렇다. '육아'라는 개념은 자식을 낳고 보살피는 행위를 '교육'과 연관 지으며 탄생했다.＊＊ 밥 잘 먹고, 잘 자고, 책 좋아하고, 숙제를 성실히 하며, 심지어 집안일을 잘해, 사

＊ 도리스 레싱, 《다섯째 아이》, 정덕애 번역, 민음사, 2006년, 140쪽

＊＊ 사와야마 미카코, 〈3장 '교육에 대한 정렬'의 구조, 2부 '보호받는 어린이'와 '육아'〉 참고, 《육아의 탄생》, 이은주 번역, 소명출판, 2014년

회의 훌륭한 노동력이 되도록 교육하는 일이, '육아'다.

힘은 세지만 발달은 느리고 둔한 아이였던 벤. 눈에 띄는 신체적 장애가 있는 건 아니었다. 그러나 이 아이는 교양 있는 가족 안에서 괴물이 된다. 행복한 가정을 만들지 못한 걸 실패이자 징벌로 여기는 헤리엇의 신념에, 벤이라는 돌연변이는 없애버리거나 치워버려야 할 과제이다. 육아라는 개념에서 보면, 벤은 훈육이 통하지 않는 실패작이다.

벤은 정말 괴물이었을까? 이 책을 처음 읽었을 때, 기괴하기만 했다. 내 아이가 열 살이 되어 다시 읽으니, 벤과 헤리엇에서 아이와 내가 보였다. 벤과 같이 냉장고에서 생닭을 꺼내 먹는 지경은 아니지만, 갑자기 괴성을 지르고 악을 쓰고 울다가 난데없이 깔깔 웃고, 어떤 건 2~3시간 내내 집중하고, 어떤 것엔 1분도 못 한다. 집에선 홀딱 벗고 돌아다니고, 손을 빨고 머리카락도 수시로 빠는 내 아이는, 가끔 비정상으로 보인다.

지금 이 순간, 포착된 모습을 관찰 기록해 보면 양육의 생태계는 요란하다. 왜 발가벗으려고 할까에 주목하기보다, 발가벗고 춤출 때 같이 즐길 수 있다.

엄마 됨에 짓눌려 있을 땐 상대의 모습이 그대로 들어오지 않는다. 아이가 반찬 투정을 할 때, '왜 안 먹지?'라고 생각하지, '태어난 지 8년 된 생명체가 시금치의 줄기는 가려내고 연한 이파리 부분만 뜯어 먹으려고 안간힘을 쓰고 있습니다'라고 기록할 수 있는가? 아이의 작은 습관 하나 하나에도, 과연 사회의 정상적인 노동력이 될 수 있을까, 불안이 엄습한다.

문제만 샅샅이 찾다 보면 글도 그렇게 써진다. 개선 프로젝트가 된다. 악 쓰며 울던 아이를 잠들게 한 수면 교육 인증부터, 두 끼를 굶겼더니 밥을 흡입했다는 증언, 매일 책을 읽어주니 한글을 절로 익히고, 영어 영상에 노출했더니 말문이 트였다는 것까지…. '내 아이가 달라졌어요.' 해결 방법을 정리해 책으로 만든다면 멋진 육아서가 될 것이다. 단, 자랑은 겸손하게.

소설은 아이의 특이성을 정상성의 잣대로 평가하고, 안달복달하다 좌절하는 양육자의 모습을 냉정하게 그려나갔다. 교양 있는 척하며 아이의 행동을 괴물 보듯 혐오하는 어른들을 비췄다. 끝없이 감시 받고 교정되는 아이의 행동을 필터 없이 보여줬다. 수많은 육아서에서 렌즈를 뒤집어, 아이 시점에서 육아의 뒷면과 민낯을 기록해본다면, 《다섯째 아이》와 과연 얼마나 다를까.

엄마라는 권력

 헤리엇이 할 수 있는 일을 자각하고 힘을 사용하기로 하면서 《다섯째 아이》는 다른 국면으로 접어든다. 사회 구조와 남성과의 관계 속에서 엄마는 무기력해지기 쉽다. 엄마 노릇을 '약자'로 여긴다. '내가 힘이 있어? 애 못 키운다고 비난할 거면서.' 제도 속에 살기 위해 어쩔 수 없이 적응한 인간으로 규정지으면, 억울하긴 해도 어디론가 도망칠 수 있다.

 이럴 땐 아이의 등짝을 때릴 때도 내게 그만한 힘이 있어서 때린다고 생각하지 않는다. 아이가 말을 안 들어서 때린다고 말한다. 아이를 감정의 쓰레기통으로 삼고 분노를 퍼부을 때도, 힘들어서 어쩔 수 없었다고 한다. 그러나 나보다 약한 자식에게 힘을 행사할 수 있음을 인정하면, 빠져나갈 수 없다.

벤이 요양소에 갇히기 전까지 헤리엇의 자세도 이와 비슷했다. 책임을 회피하고자 벤이 인간이 아니라고 믿고자 했다. 그런데 헤리엇이 변한다. 요양소에서 죽어가던 벤을 데리고 왔다. 자기 힘을 알고, 벤을 자기 방식으로 통제할 수 있음을 깨달았다.

헤리엇은 벤을 정상적인 아이로 교정하려던 시도를 포기한다. 대신 건달패에게 넘겨 자유롭게 해준다. 거리의 아이들은 벤을 대수롭지 않게 대한다. 벤은 귀여움을 받으며 씩씩하고 거칠게 자란다.

엄마 되기의 기록, 양육의 기록에서 윤리가 있다면 무엇일까. 스스로 이 권력을 알고 있는가, 아니면 없는 척 시치미 떼는가에 달려 있다. 나 역시 이 권력을 처음으로 인지한 계기가 있었다.

"화가 정수리까지 차오를 때마다 아이를 때리는 상상을 했다. 아이의 작은 머리 위로 손이 돌진하고 때리기 직전, 필름은 끊긴다. 아이의 귀싸대기를 후려지는 충동에 휩싸일 때마다 네 살 아이를 때려죽였다는 부모들이 떠올랐다. 제어하지 못하고 쏟아내는 화와 짜증을 힘들어서 정신이 나간 거라고 덮곤 했다. 나보다 약한 아이에게 쏟아내는 폭력을 그런 식으로 무마했다. 아이가 나에게 얼마나 영향을 받는지 잘 알기에 나는 아이에게 폭력성을 보였다. 나에게 자기를 온전히 맡기는 아이를 손안에 움켜쥐고 싶었다."*

《엄마 되기의 민낯》에서 위 문장을 완성했을 때 스스로 선을 넘었다고 생각했다. 이전까진 아이를 때리고 싶은 마음을 인정하지 않았다. 그러다 벨 훅스가 쓴 《모두를 위한 페미니즘》을 읽었다. 벨 훅스는 가부장제 위계질서에서 여성에 대한 남성 지배가 용인이 되듯 아이에 대한 어른의 지배도 용인된다고 했다.** 엄마가 아이에게 행사하는 폭력은 남편이 아내에게 행사하는 폭력과 다르지 않다. 이 문장은 칼이 되어 가슴을 깊숙이 찔렀다. 머리 속엔 등식이 각인되었다. '아이를 때려도 된다면, 나도 힘이 센 남편에게 맞아도 된다는 말이야.' 그때 무엇을 할 수 있는가 깨달았다.

'힘든데 아이에게 행사하는 권력을 의식하라고? 엄마가 무

---

* 신나리, 〈내 안의 폭력성〉, 《엄마 되기의 민낯》, 연필, 2018년, 개정판, 67쪽
** 벨 훅스, 〈13장, 페미니스트 부모 되기〉 참고, 《모두를 위한 페미니즘》, 이경아 번역, 문학동네, 2017년

슨 힘이 있다고!' 이런 말이 턱 끝까지 차오른다. 앞서 에이드리언 리치가 말했듯 모성엔 두 가지가 있다. 하나는 자식을 사회에 순응하는 인간으로 키워야 하는 엄마 역할, 하나는 한 생명을 지켜내려는 강인함과 생존력에 가까운 힘이다.* 이 힘을 어떻게 사용하고 있는가?

공부하라고 하면서 너를 위해서라고 말할 때, 정말 아이를 '위해서'일까. 나는 어떤 힘을 휘두르고 있는가. 아이를 통제할 수 있음을 알고 하는 것, 아닌가. 이 힘을 인지하지 못할 때 양육자는 명분을 가져온다. 공부를 시킬 땐 아이의 미래를 위해서라고 한다. 공부를 시키지 않을 땐 아이의 행복을 위해서라고 한다. 엄마 됨을 돋보이게 하기 위해서는 아니고?

해리엇만 양육의 주체로 설정된 이 소설에서, 아빠 데이비드는 방관자였다. 그러나 해리엇은 이 한계 안에서도 다른 선택을 했다. 억울함에 사로잡히지 않았다. 할 수 있는 것과 할 수 없는 것을 구분했다. 벤을 구해 오고, 규칙을 알려줬다. 대신 벤이 자기답게 살도록 했다. 그에 따른 대가를 받아들였다. 데이비드는 일 중독자가 되어 밖으로만 나돌고, 행복하고 완

---

* 에이드리언 리치, 《더 이상 어머니는 없다》, 김인성 번역, 평민사, 2018년, 85~86쪽

벽한 가정은 박살났다. 나머지 자식들은 알아서 제 살길 찾아 떠났다. 벤은 폭력배가 되었다. 헤리엇은 그저 지켜본다. 자신의 권력을 안다는 건, 그 결과까지도 회피하지 않는 것이다.

전부터 '임신 출산 육아 '실패' 대백과 사전'이 나와야 한다고 친구들에게 주장하곤 했다. 실패는 곧 다양성이다. 극소수의 성공 사례와 비교하며 열등감에 시달리기보다, 성공을 예외로 만들고 실패를 가볍게 공유하는 이야기가 필요하다.

벤 같은 아이는 방치하며 키우는 게 낫다는 결론으로 오해하지 않았으면 한다. 그보다 자식을 보호하는 걸 넘어, 자식 인생을 주조하려는 과정에서 무엇이 남았는가를 확인해 보자는 말이다. 강박으로부터 놓여나기 위해서다. 우린 수많은 예외를 비정상이 아니라, 일어나는 많은 일 중 하나로 만들어갈 필요가 있다.

모든 걸 쓰면 엄마 자격을 의심받을지도 모른다. 그러나 엄마 됨을 써오며 나의 분열이 이상하지 않음을, 나와 내 아이가 괴물이 아님을 해명할 수 있다.

글을 쓰면 알 수 있다. 표백제에 담갔다 빼낸 엄마가 아니라 진흙탕에 나뒹구는 인간인 나를 만난다. 아이와 뒹구는 벅찬 기쁨과 격한 좌절 속에서, 가부장제에서 쪼그라들어간 나를 대면한다. 쪼개지면서도 자기만의 것을 만드는 존재, 강인한 힘을 품은, 한 사람을 발견한다.

  조금이라도 시도해 본 사람으로서 감히 단언한다. 좁은 방에 처박힌 채로 엄마 됨의 의무로 자신을 갉아먹고 있다면, 쓰라고. 나는 그 문장들로 살아남았다.

15

결혼, 행복도 포기도 아닌 곳에서

결혼, 왜 하는가

 결혼에 관한 글을 많이 써왔다. 배우자와 가사, 육아를 나눈 과정부터, 육아가 결혼생활 유지의 목적이 되었을 때 배우자와의 관계는 무엇인지까지. 이 글에서는 결혼제도가 가부장제라는 체제 유지에 어떻게 복무하는지, 남성과 여성의 구도가 얼마나 불평등하게 배치되어 있는지 쓰진 않을 것이다. 그보다 제도의 내부자인 기혼자들이 결혼에 관해 쓸 때 봉착하는 문제를 다루려 한다.

 결혼이 탐구로 부상한 시기는 아이를 낳으면서부터다. 처음엔 자식과의 관계를 내 방식대로 새롭게 규정하고 만들어가는 데 공을 쏟았다. 앞의 글에서 썼듯, 자식과의 관계에서 엄마는 권력을 가지면서도, 끊을 수 없는 운명으로 묶여 있다. 몸에서 나온 사실은 변하지 않는다. 그러다 보니 어떤 부분을 과감히 놓을 수 있었다. 마음대로 안 되는 자식을 내 삶에 받아들이기 위해, '하지 않을 것'을 택했다.

 배우자가 다음으로 따라왔다. 배우자는 여러 층위로 나뉘었다. 아이가 태어나자, 여자로서 수행해야 할 감정적, 신체적 노력을 전혀 하고 싶지 않았다. 나에게 배우자는 남자라기보다는, 아이의 생물학적 아빠, 주거생활 동거인, 부모 이외의 법적 보호자, 양육 파트너였다. 여자 역할을 포기하자 사회규범과 행동 사이의 괴리를 풀어야 했다. 나와 배우자 같은 관계를 일컬어 하는 말들이 있다. '사랑 없이 애 때문에 사는 부부' '경제적 파트너십'. 그런 말을 들을 때마다 지나치게 단순하게 본다는 생각이 들었다. 결혼에서 감정이 가장 중요하다는, 그 낭만성은 나에겐 오히려 억압처럼 다가왔.

 '부부다운 건 뭔가' '남녀관계를 벗어나면 친밀함도 사라지나' '사랑하면 왜 결혼해야 하지?' '제도의 구속력으로 사랑을 지키고 싶다는 건, 결벽적인 자의식 아닌가?' 모든 게 의문투성이가 되었다. 어떤 남자와 노는 게 재미있다면, 친구로 만나는 게 가장 좋다고 여겼다. 서로의 빨랫감과 쓰레기까지 볼 필요가 없다. 섹스가 좋다면 가끔 만나면 된다. 굳이 함께 살아야 할 이유가…?

 내 생각은 사랑의 완성품처럼 믿어지는 결혼관과 상충했다. 배우자라면 나를 아끼고 사랑해 주며 대화를 들어주고, 밤엔 열정을 부르는 단 한 사람이어야 한다는, 사랑과 친밀함, 섹스까지를 하나의 관계에 제도로 우겨 넣은, 바로 그 '근대적' 결혼관 말이다.

 이성애 결혼은 가부장제를 유지하기 위한 핵심 제도다. 그러나 결혼 이탈자는 늘고 있다. 체제엔 필수이지만 개인에게는 필수가 아닌 시대다.

 저출생 시대엔 자식 한 명의 가치가 하늘 높이 치솟는다. 자식은 부모에게 유일무이한 기쁨이다. 자식을 행복하게 키우지 못할 바엔 안 낳는 게 낫다고 한다. 결혼도 마찬가지다. 결혼이 희소해질수록 배우자는 각별한 존재여야 한다.

 부부관계가 다른 모든 관계보다 특별하고 충만해야 한다고 생각할수록, 관계의 결핍은 커진다. 행복하지 않을 거면 왜 살아? 결혼 생활을 다룬 글은 이런 행복론에서 좀처럼 벗어나지 못한다. 결혼에서 행복을 강조하는 일이 '어떤 작용을 하는가'* 질문하지 않는다. '어떻게 해야 행복할 수 있느냐'만 찾으려 한다.

결혼은 여전히 막강한 지배력을 발휘하는 제도다. 하지만 그 선택이 개인에게 옮겨졌다고 믿어지는 때, 우리에겐 오로지 두 가지 선택만 주어진 것처럼 보인다. 행복하게 살거나 헤어지거나.

---

* 사라 아메드, 《행복의 약속》, 성정혜, 이경란 번역, 후마니타스, 2021년

비어 있는 제도, 채워진 환상

일본의 사회학자 우에노 지즈코와 임상심리학자인 노부타 사요코의 대담집, 《결혼 제국》은 두 사람의 촌철살인 토론으로 가득하다. 글로는 검열될 말을 두 사람의 '케미'에 기대 솔직하게 내뱉었다.

노부타는 결혼을 "제도라는 사실을 모르고 제도 속에 발을 들여놓는 것"이라고 말했다. 결혼이 제도이기 때문에 지켜지는 것이 있고, 그래서 지금까지 그 제도 안에 있다고.

공동화는 중심이 비어 있다는 말이다. 학교, 관료조직, 결혼 모두 '제도'이다. 제도란 무엇인가. '틀'이다. 모양을 잡아 두었을 뿐이지, 중심을 채우는 실체는 없다. 학교를 보자. 학교의 실체가 '배움'이던가? 근대에 생겨난 학교라는 제도는, 이 사회에 필요한 노동자를 만들어내고 자격을 부여하는 곳이다. 배움을 얻지 못하는 학교도 얼마나 많은가. 배움은 학교의 본질이 아니라 관계된 이들이 만들어내는 의미 중 하나일 뿐이다.

우에노와 노부타는 결혼도 여성에게 '자격증'을 주는 제도라고 말했다. 기혼여성의 자격 증명이란 한 남자에게 승인받았다는 것이다. 계급과 시대를 떠나 남자의 승인 없이 사회적 존재가 되는 길은 험난하다. 경제적 능력이 되어도, 법이 보장하는 남자 파트너 없는 젊은 여자들에게 쏟아지는 시선은 여전히 가혹하다. 겪지 못했다면, 정치적 올바름이 통용되는 중산층 거주지에 살기 때문일지도.

결혼의 역사를 보면, 근대에 이르러 결혼은 남자의 승인을 '이 남자에게 하나뿐인 나'라는 형태로 바꿔냈다. '낭만적 사랑의 이데올로기'다. 타인에게 하나밖에 없는 존재가 됨으로써 존재의 인정을 성취하는 것이다. 요즘 말로 하자면 '브랜딩'을 잘했다.

우에노는 이 모든 걸 '젠더병'이라고 꼬집었다. 이 세상에 하나밖에 없는 존재가 되어야 하는데, 증명을 남자에게 받아야 증상. 앞서 다나카 미쓰가 지적한 부분과 상통한다.

반감이 생길 수 있다. 21세기에 누가 그러냐고 말이다. 이 책은 2000년대 초반에 일본에서 쓰였다. 책에서도 남자로부터 승인이 필요 없는 세대가 출현하고 있다고 밝힌다. 한국 페미니즘의 4B운동(비섹스, 비연애, 비출산, 비결혼)은 젠더병을 거부하는 단적인 예시다.

또한 계층적이다. 남자에게 승인, 하나밖에 없는 나라는 관념은 모두에게 해당되지 않는다. 서구에서 수입된 '낭만적 사랑'은 남성의 경제력이 뒷받침되어야 하는 중산층 계층을 중심으로 전파됐다.*

노부타는 바람직한 가족의 이상에 매달리는 사람들이 상담소를 찾는다고 영업기밀을 누설했다. 부부 상담은 결혼관계에 실체가 있다고 믿고, 그것을 간절히 찾고자 하는 사람들이 한다. 그런데 '당신만의 나'라는 관념으로 관계를 채우며, 없던 불행을 만들고 있진 않은가. 우에노는 이걸 자승자박이라고 덧붙였다.**

가족을 이룬 사람들은 무엇을 선택해야 하나. 노부타는 환

---

* 조한혜정, 〈제2장 한국의 가부장제에 관한 해석적 분석 : 생활 세계를 중심으로 Ⅱ. 현대:현모양처 이데올로기의 정착, 여성의 나약화 그리고 자립화〉, 《한국의 여성과 남성》, 문학과지성사, 1999년, 117쪽~121쪽
** 우에노 지즈코, 노부타 사요코, 〈3장, 사랑없이도 섹스할 수 있다〉, 《결혼제국》, 정선철 번역, 문학과지성사, 2008년, 98쪽

상을 깨부수고 제도의 공동화를 인정하자고 제안했다. 적당한 거리감 속에서 최소한의 규칙과 예의를 지키며 살자고 했다. 동의할 수 있는가?

무엇이 옳은지 그른지 따지고 싶진 않다. 결혼생활을 쓸 때 어떤 태도와 관점을 취할 것인가를 말하고 싶다. 하나밖에 없는 관계가 환상일지라도, 노력하는 나를 쓸 것이냐, 아니면 환상을 한 겹씩 벗겨내는 글을 쓸 것이냐.

하나뿐인 관계라는 확고한 믿음 아래 이상을 실현한다면, 그야말로 '모범 근대 가족'이다. 규범적으로 거슬리지 않는다. '나를 가장 잘 알아주는 사람, 나밖에 없다고 말하는 사람'이라는 말들은 우리를 안심시킨다.

반면 그 믿음에 균열이 생겨 분열하다가, 쥐어 짜지고 고갈되는 사람들이 있다. 참을 수 없는 갈등 끝에 이혼하는 경우. 이혼 당사자의 글은 부조리를 적나라하게 보여준다. 아니면 다른 환상을 만드는, '부부관계 개선법' 같은 실용서가 있다.

교과서 같은 근대 가족의 이야기나, 이혼 수기나, 부부관계 개선법은 결론에 도달한다. 문제는 환상은 깨지고 공동화가 드러났지만, 제도는 굳건히 작동하는 경우다. 이 글은 구성원들의 맨 몸이 부딪히는 힘의 작용을 필터 없이 비친다.

이런 글쓰기의 예시로 아니 에르노의 《얼어붙은 여자》와 박완서의 《서 있는 여자》를 가져와 본다.

수십 년 전 쓰인 두 책은 현재와 동떨어진 면이 있다. 특히 박완서의 책에서 묘사되는 성대한 약혼식, 남자의 폭력을 대수롭지 않게 여기는 인물의 태도는, 프랑스인인 아니 에르노의 글보다 낯설다.

이 책을 가져온 이유가 있다. 지금은 '그래도 많이 바뀌었는데. 이 정도면 훌륭한 남자야. 우리는 사랑해서 결혼했는데'라는 태도 속에서 결혼을 제도로 보려는 측면은 약화되었다. 반면 '남녀평등 사상'이 막 들어왔지만, 결혼제도와 사정없이 충돌하던 시대의 텍스트는 결혼의 허약한 뼈대를 노출한다.

공모와 기만 사이

《얼어붙은 여자》는 형식은 소설이되 내용은 자전적 이야기다. 남자들에게 선택받기 위해서 바둥댔던 10대, 부르주아 남학생과의 결혼, 중산층으로 신분 상승, 어머니이자 아내 역할로의 순응하기까지의 과정이 쓰여 있다.

남자의 보호 따위는 필요 없던 강인한 여자들에게 자라며 애교나 아양, 눈물을 모르던 여자 아이는 어떻게 남자에게 욕망 당하기 원하는 소녀가 되어가는가. 무엇이든 될 수 있다고 믿었던 아이는 어떻게 여자로, 아내로, 엄마로 기대되는 축소된 세계로 몸을 구겨 넣는가.

어린시절부터 둘째 아이를 낳을 때까지의 삶이 시간순으로 전개된다. 사건 위주로 정리된 서사를 따르지 않는다. 화자의 반응만을 보여준다. 막 외모를 꾸미기 시작하며 스타킹과 하이힐을 착용했을 때, '예뻐 보이는게 뭐 어떠냐'고 반문한다. 그러면서도 남자들 마음에 들기 위해 여성스러운 척하는 태도를 비웃는다. 거부할 수 없다는 것도 안다. 남자랑 사귀고 싶으니까. 남자에게 "~하면 어떨까?"라는 주도권을 주는 질문을 던진다.

이 와중에 배운 여자라는 자의식은 못 버리는 우리의 주인공. 여대생 친구들과 환멸을 쏟아낸다. '결혼은 죽음과 같은 것일 뿐이야!' 곧 불안이 엄습한다. '노처녀로 늙으면 어떻게 해?' 결혼하지 않은 여자는 불확실한 존재. 솔로는 굴욕. 존재를 증명해 줄 남자를 기다린다. 드디어 그가 프로포즈 한다. "어떤 존재를 사랑하는 것은 함께 늙어가는 것"이라니. 오, 은총이 내렸다.*

에르노는 당시의 감정을 가치판단 없이 서술했다. 굴욕과 타협을 쓰면서 당시의 내가 어리석었다고 쓰지 않았다.

'결혼을 가부장제 안으로 들어가는 행위'라고 쓴다면, 이 문

---

* 아니 에르노, 《얼어붙은 여자》, 김계영, 고광식 번역, 레모, 2021년, 196쪽

장엔 판단이 개입해 있다. 그러나 에르노는 '결혼은 미혼녀라는 굴욕으로부터 구원'이라고 썼다.* 당시의 생각만을 보여줬다. 해석도, 반성도, 주석도 덧붙이지 않고 열어뒀다. 독자는 질문하게 된다. '그래서 뭘 말하려고 하는 거지?'

이런 글쓰기는 남편과의 일상에서 더욱 도드라진다. 요리하는 나, 신문 읽는 남편. 이 장면에서 그는 "다름을 인정하고 타인을 받아들이는" 현명함과 지혜를 얻었다고 썼다. 감자 껍질을 벗기는 일로 가정의 화목을 뒤집어 뭐 좋을 게 있냐며.

남편은 가끔 장도 보며, 아내에게 집안일만 하지 말라고 격려하는 '좋은' 남자다. "나의 귀염둥이, 접시 닦는 걸 잊어버렸어"라며 예의 바르게 말하는 다정한 '오빠'이기도 하다. 어떻게 원망을 보이겠는가. '나'는 가끔 설거지를 하지 않는 것으로 시위하지만 소리치지 않는다. '이리와서 당장 설거지 해!'가 아니라 '나 피곤해, 히잉.' "남자를 거세하는 역겨운 여자"는 되어선 안 되니까 말이다.** 글은 두 사람의 이중성을 고스란히 묘사한다. 분노, 타협, 순응이 공존하는 삶. 화자 뿐만 아니라 읽는 이까지 섬뜩하게 발가벗긴다.

---

* 앞의 책, 161쪽
** 앞의 책, 232쪽

각성이나 해방의 결말을 기대할 수도 있지만, 에르노는 '나'가 자신을 얼마나 철저히 배반하며 주저앉고 마는가를 차갑게 그려나갔다. 아이가 유치원에 가자 자신의 시간이 생겨났지만, 어떤 것도 마음을 사로잡지 못한다. 모든 게 평온해질 즈음 불길하게 찾아오는 불안. '할 일을 찾아야 해.'

"가장 나약한 모험"을 한다. 피임약을 중단하고 둘째를 임신한다. 육아를 병행할 수 있는 중학교로 옮긴다. 남자와 여자의 차이는 더 이상 느껴지지 않는다. "수련 기간이 끝났다."*

에르노의 무정함은 감정을 억제한 현실 직시를, 자신을 베어내는 태도로 구현한다. 그의 글을 일컬어 임상적이라는 의미로 '칼 같은 글쓰기'라고 하지만, 나는 '윤리적 자해'라 부르려 한다. 몸에 내는 상처가 아니다. 언어라는 메스로 자신을 해체한다. 면죄부도, 해설도 주지 않는다. 파괴가 아닌 응시로서, 자해(自害) 같은 자기해부(自解)다.

기혼 여성은 결혼 생활을 정면으로 바라보기 어렵다. 배우자 한 명 나쁜 놈 만들고, 본인은 티끌 하나 없는 듯 쓰기 쉽

---

* 앞의 책, 249쪽

다. 반대도 마찬가지다. 배우자가 기념일에 선물을 주거나 아이라도 봐주면, 감사의 표현을 넘어, 이 틈을 놓칠 세라 그를 추켜세우기 쉽다. 남편을 '올려칠 때', 선택받은 '하나뿐인 아내'의 가치도 격상한다. 여전히 나를 원한다고, 아직도 우리 사이에 사랑이 있다고 쓰는 글은, 안전하다.

에이드리언 리치는 버지니아 울프의 《자기만의 방》을 읽으며 굉장히 놀랐다고 썼다. "어떤 안간힘과 수고로움, 집요한 조심스러움이 깃든 어조" "심지어 매력적으로 보이려고 애쓰는 여성의 어조"가 울프의 글에 있었다.* 여성 작가는 이처럼 여성을 향해 말할 때조차도 남성을 위한 글을 쓴다. 자신으로 존재하는 것에 대한 두려움 때문에, 타인에 의해 비춰지는 모습을 의식하는 글을 쓰고 만다. 이런 글쓰기가 최선이라고 믿는 한, 여성의 목소리는 어둠 속에 가려지고 만다.

《얼어붙은 여자》는 읽는 이를 긁는다. '이혼 안 하고 살려면 어쩔 수 없었어' '여자로 사는 게 다 그렇지' '그래도 이 사람밖에 없다'고 퉁치고 넘어가지 않았다. 어둠 속에서도 섬광처럼 번뜩이는 목소리였다.

---

* 에이드리언 리치, 《우리 죽은 자들이 깨어날 때》, 이주혜 번역, 바다출판사, 2020년, 29~30쪽

박완서의 《서 있는 여자》는 평등을 쉽게 얻을 수 있다고 믿은 여자의 자기기만을 그린 소설이다. 시기는 90년대. 주인공인 연지는 남자친구와 결혼하고서도 '절대적으로 동등'하게 살기로 약속했다. 결혼식 후 연지는 직장에 다니고, 철민은 대학원을 다니며 집안에서 주부가 됐다. 그러나 연지는 남녀평등을 바라면서도 결혼 전부터 수시로 불안해했다.

> "남성 우위를 짓밟지 않으면 동등해질 수 없다는 걸 알면서도 남성 우위를 보호해 줬을 때 오히려 편하고, 맞서려면 불편해져, 불편할 뿐 아니라 온통 부자연스러워져."*

연지는 결혼 후, 동갑내기이던 철민에게 혼자 존대했다. 철민의 친구들이 오면 퇴근하고서도 몸이 부서져라 상을 차려냈다. 철민의 불만도 커졌다. 남녀평등 쇼는 그만하고 보통 사람들처럼 살자고 한다. 연지의 불안을 알아보며 그녀가 주장하는 평등이란 고작 '11평'에서, 단둘이 있을 때만 활개 친다고 비꼰다.

---

* 박완서, 《서 있는 여자》, 박완서 소설전집 결정판-14, 세계사, 2021년, 60쪽

연지의 평등관과 대치되는 인물로, 엄마인 경숙 여사도 있다. 경숙 여사와 하 교수는 연지가 결혼하면 이혼하기로 약속했다. 막상 연지가 결혼하고 하 교수가 짐을 싸서 나가겠다고 하자 경숙 여사는 두려움에 휩싸인다. 하 교수는 모든 재산을 남기고 나가겠다고 말했지만, 경숙 여사가 두려운 건 경제적 문제가 아니라 '교수 부인'이라는 지위 상실이었다.

하 교수가 돌봄을 원할 때만을 기다리는 경숙 여사. 철민과의 평등한 결혼을 바랐지만 실추된 남성 우위를 보며 착잡해지는 연지. 박완서는 여자들이 공허함을 느낄 때 무엇이 나타나는지 인정사정 봐주지 않고 그려 나갔다.

연지가 철민과의 관계를 유지한 건 다름 아닌 '연민'이었다. 박완서는 연지의 심리를 빌어 부부 사이의 연민은, 생기면 끝난 거라 진단한다. 연민은 위로를 주고받는 애정의 일부일 순 있지만, 자극도 없고 앞으로 나아가지 않는다. 체념을 애틋하게 포장해 서로 위로만 줄 뿐이다.

하 교수의 이혼 통보에 경숙 여사는 용기를 얻고자, 친구들을 찾아 간다. 경제적 능력이 있는 여자들이니 혼자서도 보란듯이 잘 살고 있을 거라 믿었다. 그러나 경숙 여사의 친구들은 돈을 다룰 수 있었지만, 고독을 감내하지 못했다. 남자 없는 외로움에 자기를 방치하고 있었다. 결국 경숙 여사는 부부관계에서 '육체의 화해'로 돌아왔다. 끝까지 아내 지위를 포기 못하고 하 교수에게 납작 기어 들어갔다. 남편과 육체관계를 맺어야 여자가 예뻐진다는 논리로 빠진다. 경숙 여사와 친구들에겐 관계의 상상력이 없었다.

《서 있는 여자》는 결혼제도가 어떻게 여성을 억압하고 있는지만 보여주지 않았다. 그보다 주인공 연지가 스스로를 어떻게 속여가며 결혼하는지 속속들이 드러낸다. 다르게 살 수 있다고 자신하고, 평등을 위해 자기보다 못한 남자를 선택하고, 실패하는 과정을 보여준다. 연지는 본인 약혼식에 청바지를 입고 오는 여자였다. 머리에는 평등을 주입받았지만, 정작 관계에선 몸과 생활을 바꾸지 못했다.

중간지대에서 쓰기

　아니 에르노는 《얼어붙은 여자》를 첫째 아이가 17살이었던 41세에 발표했다. 결혼 경험을 책으로 내는 데까지, 꽤 오랜 세월이 흘렀다. 그 책은 남편 필립스 에르노에게 헌정된다. 그리고 부부는 파경을 맞는다. 에르노의 대담집을 읽기 전까진, 에르노가 남편에게 복수하고 이혼하려고 이 책을 썼다고 생각했다. 뜻밖에도 인터뷰에서, 에르노는 이혼을 전혀 예상하지 못했다고 말했다. 다만 글을 쓰며 내내 어떤 불안을 감지했고, 이 글쓰기를 통해 무언가 다른 상황이 도래할 거라는 확신이 있었다.* 그의 말에서 글쓰기로 추구할 수 있는 아주 개인적인 변화를 보았다.

변화란 무엇일까? 치유와 성장일까? 많은 자기 고백의 서사는 여기에 방점을 찍고 있다. 결핍을 해석한다. 과거에서 원인을 찾고 화해한다. 마침내 극복하고 평온을 얻는다. 사회학자 에바 일루즈는 《감정 자본주의》에서 "고통와 치료의 내러티브"라고 해석했다.** 결핍과 수치심을 드러내지만 성찰적 태도를 취하기에, 말하는 자의 균열이나 복합성은 드러나지 않는다. 무엇보다 고통을 특권화한다.

《얼어붙은 여자》가 '어린시절 충분히 사랑 받지 못했다. 내 안의 어린 아이는 결혼과 육아 생활을 하면서 울고 있었다. 나는 포기하지 않았다. 글쓰기를 시작했다. 배우자에게 감사하고, 행복하게 살려고 노력하고 있다'라는 결론에 도달했다면 어찌되었을까?

성장과 문제 해결 속에 독자는 안도를 느꼈겠지만, 글은 여성이 처한 현실을 은폐했을 것이다. 에르노의 삶 역시 급진적

---

* 아니 에르노, 미셸 포르트, 《진정한 장소》, 1984BOOKS, 2022년, 98쪽 - "저는 자주 위험이라는 것을 명확하게 파악해내지 못해요. 《얼어붙은 여자》를 쓰면서, 그 소설이 저희 부부를 파경에 이르게 할 것이라고 생각하지 못했죠. (중략) 대신 다른 위험을 — 제가 글을 쓰도록 강력하게 부추기는 — 인식하고 있었어요."
** 에바 일루즈, 《감정 자본주의》, 돌베개, 2010년, 98쪽

으로 변하지 않고, 그만의 독보적인 글쓰기도 어려웠을 거라 감히 추측해본다. 에이드리언 리치가 말했듯이 "남자와 낡은 결혼생활을 유지하려면", 글쓰기를 위한 "상상력이 필요한 활동을 억제하고 보류해야 하며 보수주의가 필요"하니까.* 이 말을 뒤집어 해석하면 이렇다. 새로운 내용과 형식을 창조하다 보면 더 이상 기존처럼 살 수 없다.

두 작품의 결말은 같다. 에르노는 책을 쓰고 이혼당하고, 소설 속 연지는 스스로 결단하고 이혼했다. 진실을 안 자의 대가인가? 이 책들의 주제를 이혼에 방점을 두고 싶진 않다. 이혼할 작정으로 써야 한다거나 이렇게 사니 헤어지는 게 맞다고 읽지 않았다. 인물들이 결혼이라는 제도, 배우자와 관계 맺는 방식, 삶을 탐구하는 태도에 주목했다. 그들은 묻는다. '지금 나는 무엇을 하고 있는가?'

'특별한 관계, 단 하나뿐인 사람'이라는 환상이 걷히고 공동화가 드러난 자리에서 쓰는 글을, '중간지대에서 쓰기'라고 이름 붙이고 싶다. 중간지대는 행복하지도 않지만 이혼할 정도

---

* 〈다시 보기로서 글쓰기〉, 에이드리언 리치, 《우리 죽은 자들이 깨어날 때》, 이주혜 번역, 바다출판사, 2020년, 39쪽

도 아닌 상태다. 행복해지려고 애쓰거나, 이혼하겠다고 다짐하며 쓰지 않는다.

이미 많은 부부가 중간지대에서 산다. '제대로 사는 걸까, 내가 문제인 것일까, 저 인간은 왜 저 모양일까' 질문하면서. 그러나 행복해지려 죽을똥 살똥 노력하거나 자포자기하면, 자신이 어떤 모습인지는 보지 못한다.

'무엇을 하고 있는지'부터 쓰는 연습을 한다. '무엇을 해야 한다, 무얼 하겠다'라는 글이 아니라 '하고 있는 것'부터 관찰하며 써본다. 내가 어떤 인간인지 알아가게 될 것이다. 기혼여성들에겐 어려운 작업이다. 타인의 감정을 살피도록 오래 훈련받았으니까.

남자와 여자라는 역할을 떼어내고 인간 대 인간으로 만나면 무엇이 드러날까. 앞의 두 권의 책처럼, 결혼의 뼈대가 위협받고 허물어질까. 아니면 예상치 못한 관계의 원재료들이 등장 할까. 상상되지 않는다. 그만큼 이성애 관계가 빈곤하다는 방증일까. 어쩌면 그런 글에서 새로운 관계를 위한 상상력의 실마리를 찾을지 모른다.

제도에 중심이 비어 있고 실체가 없다면, 삭막하고 헐벗은 틀만 남아 있을 것 같지만, 꼭 그렇진 않다. 제도의 내부자들이 어떻게 하느냐에 따라 내용이 채워진다는 말이기도 하다. 구성물이 달라지면 결국 뼈대의 모양도 바뀌게 된다.

나는 남편을 '신랑'이라 부르지 않는다. '오빠'라고 부르는 말에도 반대한다. 결혼생활은 예식장이 아니고, 부부는 오누이가 아니다. 글을 쓸 때도 '짝꿍', '반려자' 같은 호칭은 쓰지 않는다. 제도를 감정으로 코팅한 말들.

단독자인 두 사람이 일정 기간, 제도의 감시와 보호 아래 협업하는 삶. 이것이 내가 정의한 현재의 결혼이다. 결혼이란 포기하며 사는 것이라는 전제, 행복하지 않으면 헤어져야 한다는 전제, 남녀 간 긴장이 필요하다는 전제, 백년해로 해야 한다는 전제, 유일무이한 사람이라는 전제…. 이 모든 전제를 삭제하고 쓴다. 《여자, 아내, 엄마 지금 트러블을 일으키다》는, 전제의 잔해 위에서 쌓은 글이었다. 비록 보수공사가 필요하지만.

오래도록 탐구하는 주제가 있다. '사랑이라는 불평등'이다. 어쩌다 결혼까진 했으나 남자와 친밀한 관계를 맺지 못한다. 가정생활 지침서를 읽을 때마다 반항심이 생겨났다. '부족한 남자를 현명한 여자들이 다독여라.' '자식 떠나고 남는 건 결국 부부다.' 이런 말에 숨이 막혔다. 이때 나의 탐구는 남성과

관계를 맺는 법이 아니었다.

 이성애 친밀성이 무엇인지부터 추적했다. 알게 됐다. 내가 불편했던 건 그것에 동의하지 못해서가 아니었다. 누구보다 그런 관계를 선망하고 있는데 하지 못했기 때문이었다. 20대부터 노력해도 안 됐다. 알고 나니 주제가 바뀌었다.

 꼬리를 물면서 읽을 책이 쌓였다. 사랑과 이성애를 낯설게 보는 인식이 들자, 소외감이 아니라 든든함이 생겼다. 새로운 관점이란 자원을 획득하게 되었다. 이것만 잘 파먹어도 평생 심심하지 않을 것 같았다.

 결혼에 관한 탐구는 피 한 방울 섞이지 않은 타인과 나누는 친밀함, 성적 독점권, 육아와 가사 협력, 경제적 공유가 무엇인지 파헤치는 일이다. 한 사람과 이토록 많은 활동을 한다는 건, 전혀 즐거운 일이 아니고, 심지어 환멸스럽다. 그러나 파고들수록 뒤틀리는 이 틈을 흥미롭게 관찰할 수 있다. 생활은 좋아할 수 없는데 호기심은 즐기는 것이다. 결혼을 유지하는 한 이 마르지 않는 번뇌와 질문의 원천을 박박 긁어낼 작정이다. 단 지불해야 할 비용은 지독한 고독일 터. 그럼 고독은 견딜 수 없는 것일까? 우에노 지즈코의 말을 빌려본다.

"여러분은 고독이 공포의 대상이라고 생각하고 계실지 모르지만, 그런 고독이란 직접 맛을 보면 '정말 상쾌한 것'입니다."*

고독, 아직 상큼하지 않다. 하지만 현실을 여과없이 기록한 글이 글쓴이를 예상치 못한 어딘가로 이끄는 걸 봤다. 글쓴이뿐 아니라 그 글을 읽는 이들도.

---

* 우에노 지즈코, 노부타 사요코, 《결혼제국》, 정선철 번역, 문학과지성사, 2008년, 211쪽

에필로그 ; 다시 시작하며

 왜 글을 썼는가. 서문에서 이렇게 답했다. 자유로워지기 위해서. 다시 묻자. 왜 하필 글이어야 할까?
 지난 2년 동안 맴돌던 의문이었다. 글쓰기를 의심하는 집요한 회의감 속에 책을 썼다. 확인했다. 내 삶의 어떤 부분이 통념으로 설명 당하지 않으려면, 스스로 써야 한다.

 책을 쓰며, 내 글을 처음으로 낯설게 읽었다. 어떤 글을 써왔는지 알게 되었다. 끔찍했지만 멈출 수 없었다. 쉬지 않고 고치다가, 손을 뗐다. 나는 나를 퇴고했다. 이 책은 내가 써온 글의 방식을 정리한 책이 아니다. 앞으로 쓸 글의 방향을 세운, 시작의 책이다.

인용한 책과, 언급한 사례들은 많은 이들에게 빚졌다. 함께 읽고 토론했던 세미나와 강의들, 온라인 리뷰에서 우연히 마주친 리뷰, 문득 스쳐간 독자의 말까지.

이 감사한 마음을, 문장으로 전할 수 있기를.

○참고 도서 리스트

김영민, 《공부론》, 샘터, 2011년
김영민, 《적은 생활, 작은 철학, 낮은 공부》, 늘봄, 2012년
김은주, 《여성-되기》, 조승미 번역, 두번째 테제, 2019년
김혜진, 《너라는 생활》, 문학동네, 2020년
다나카 미쓰, 《생명의 여자들에게 엉망인 여성해방론》, 조승미 번역, 두번째 테제, 2019년
데보라 넬슨, 《터프 이너프》, 김선형 번역, 책세상, 2019년
도리스 레싱, 《다섯째 아이》, 정덕애 번역, 민음사, 2006년
디디에 에리봉, 《랭스로 되돌아가다》, 이상길 번역, 문학과지성사, 2021년
라이트 밀즈, 《사회학적 상상력》, 강희경 외 번역, 돌베개
리베카 솔닛, 《멀고도 가까운》, 김현우 번역, 반비, 2016년
리처드 세넷, 《장인》, 김홍식 번역, 아르테, 2021년
모이라 데이비 엮음, 《분노와 애정》, 김하현 번역, 시대의창, 2020년
릭 돌피언, 이리스 반 데어 튠, 《신유물론 - 인터뷰와 지도제작》, 박준영 번역, 교유서가, 2021년
모이라 데이비 엮음, 《분노와 애정》, 김하현 번역, 시대의창, 2020년
미셸 푸코, 《비판이란 무엇인가? 자기 수양》, 오트르망 번역, 동녘, 2016년
미셸 푸코, 《주체의 해석학》, 심세광 번역, 동문선, 2007년
박신현, 《캐런 바라드》, 커뮤니케이션북스, 2023년
박완서, 《엄마의 말뚝》, 세계사, 2012년
박완서, 《부끄러움을 가르칩니다》, 문학동네, 2013년
베티 프리단, 《여성성의 신화》, 김현우 번역, 갈라파고스, 2018년
벨 훅스, 《모두를 위한 페미니즘》, 이경아 번역, 문학동네, 2017년
부너미, 《페미니스트도 결혼하나요?》, 민들레, 2019년
비비언 고닉, 《사나운 애착》, 노지양 번역, 글항아리, 2021년
비비언 고닉, 《상황과 이야기》, 이영아 번역, 마농지, 2023년
사라 아메드, 《행복의 약속》, 성정혜, 이경란 번역, 후마니타스, 2021년
사와야마 미카코, 《육아의 탄생》, 이은주 번역, 소명출판, 2014년
신나리, 《엄마 되기의 민낯》, 연필, 2018년, 개정판
신나리, 《이상하고 쓸모없고 행복한 열정》, 느린서재, 2023년
신나리, 《여자, 아내, 엄마, 지금 트러블을 일으키다》, 싱크스마트, 2021년
아니 에르노, 《여자 아이 기억》, 배수린 번역, 레모, 2022년
아니 에르노, 《얼어붙은 여자》, 김계영, 고광식 번역, 레모, 2021년
아니 에르노, 로즈마리 라그라브, 폴 파스칼리, 《아니 에르노의 말》, 윤진 번역, 마음산책, 2023년
아니 에르노, 미셸 포르트, 《진정한 장소》, 신유진 번역, 1984BOOKS, 2022년
아니 에르노, 프레데리크 이브 자네, 《칼 같은 글쓰기》, 최애영 번역, 문학동네, 2005년
아니 에르노, 《한 여자》, 정혜용 번역, 열린책들, 2020년
에밀리 맷차, 《하우스와이프 2.0》, 허원 번역, 미메시스, 2015년
에바 일루즈, 《감정 자본주의》, 김정아 번역, 돌베개, 2010년
에바 일루즈, 《낭만적 유토피아 소비하기》, 박형신, 권오헌 번역, 이학사, 2014년

에바 일루즈, 《사랑은 왜 불안한가》, 김희상 번역, 돌베개, 2014년
에이드리언 리치, 《더 이상 어머니는 없다》, 김인성 번역, 평민사, 2018년
에이드리언 리치, 《우리 죽은 자들이 깨어날 때》, 이주혜 번역, 바다출판사, 2020년
엘레나 페란테, 《잃어버린 아이 이야기》, 김지우 번역, 한길사, 2017년
오나 도나스, 《엄마 됨을 후회함》, 송소민 번역, 반니, 2018년
오드리 로드, 《시스터아웃사이더》, 주해연, 박미선 번역, 후마니타스, 2018
우에노 지즈코, 미나시타 기류, 《비혼입니다만, 그게 어쨌다구요?!》, 조승미 번역, 동녘, 2017년
우에노 지즈코, 《논문 쓰기의 기술》, 동녘, 2020년
은유, 《글쓰기의 최전선》, 메멘토, 2022년
이만교, 《나를 바꾸는 글쓰기 공작소》, 그린비, 2009년
정희진, 《나를 알기 위해서 쓴다》, 교양인, 2020년
정희진, 《정희진처럼 읽기》, 교양인, 2014년
조남주, 《82년생 김지영》, 민음사, 2016년
조앤 디디온, 《베들레헴을 향해 웅크리다》, 김선형 번역, 돌베개, 2021년
조한혜정, 《글 읽기와 삶 읽기 2-각자 선 자리에서》, 또 하나의 문화, 2003년
조한혜정, 《한국의 여성과 남성》, 문학과지성사, 1999년
줄리 필립스, 《나의 사랑스러운 방해자》, 박재연, 박선영, 김유경, 김희진 번역, 돌고래, 2023년
지바 마사야, 《현대사상입문》, 김상운 번역, 아르테, 2023년
캐럴 길리건, 《침묵에서 말하기로》, 이경미 번역, 심심, 2020년
캐럴라인 냅, 《욕구들》, 정지인 번역, 북하우스, 2021년
캐롤라인 냅, 《명랑한 은둔자》, 김명남 번역, 바다출판사, 2020년
피에르 부르디외, 로제 샤르티에, 《사회학자와 역사학자》, 이상길, 배세진 번역, 킹콩북, 2019년

무정한 글쓰기

초판 인쇄 2025년 7월 8일
초판 발행 2025년 7월 14일
© 신나리

지은이	신나리
펴낸이	최아영

편집	최아영
마케팅	이 책을 읽은 누군가
디자인	김선미
인쇄	제이오
펴낸곳	느린서재
출판등록	2021-000049호
전화	031-431-8390
팩스	031-696-6081
전자우편	calmdown.library@gmail.com
인스타	@calmdown_library
뉴스레터	calmdownlibrary.stibee.com
블로그	blog.naver.com/calmdown_library
ISBN	979-11-93749-22-7 03800

*이 책은 저작권법에 따라 보호받는 저작물이므로 무단 전재와 복제를 금지합니다.
*이 책의 전부 또는 일부 내용을 재사용하려면 사전에 저작권자와 느린서재의 동의를 받아야 합니다.
*잘못된 책은 구입하신 곳에서 바꿔드리며, 책값은 뒤표지에 있습니다.
*느리게 읽고 가만히 채워지는 책을 만듭니다. 느린서재의 스물일곱 번째 책을 구매해 주셔서 감사합니다.
*이 책의 본문 종이는 마카롱 80g, 표지 종이는 친환경 인증을 받은 페이퍼백30(OFELT) 205g 종이를 사용하였습니다. 환경과 공존하는 지속 가능한 출판을 꿈꿉니다.

'무엇을 하고 있는지'부터 쓰는 연습을 한다. '무엇을 해야 한다, 무얼 하겠다'라는 글이 아니라 '하고 있는 것'부터 관찰하며 써본다. 내가 어떤 인간인지 알아가게 될 것이다.